동서문화 교류와 알타이

아시아학술연구총서 7
알타이학시리즈 3

동서문화 교류와 알타이

김 선 자 外

역락

이 책은 가천대학교 아시아문화연구소에서 한국가스공사의 지원을
받아 수행 중인 "알타이언어문화연구사업"의 일환으로 간행되었습니다.
이 사업은 2012년 11월에 체결된 '한국가스공사 · 가천대학교 업무협정'
과 2013년 1월의 한국가스공사와 가천대학교 산학협력단의 '알타이언
어문화권에 대한 공동연구사업 수행을 위한 업무약정'에 의해 시작되어
벌써 4년째에 접어들었습니다. 10년 예정의 연구 중 어느덧 제1단계의
목표로 설정한 인프라 구축을 마치고 제2단계로서 연구의 구체화 심화
를 위해 힘을 쏟고 있습니다.

저희 연구소의 알타이학연구실에서는 알타이학(altaic studies)의 국제
적 허브 구축을 목표로 전문 연구자 간의 네트워크를 구성하고 국내외
관련 연구기관과의 협력관계를 강화하는 한편 학술적 자료의 발굴과 수
집을 해오고 있습니다. 뿐만 아니라 연 5~6회의 분야별 전문가 초빙강
연과 연 1회 이상의 국제학술대회 개최 등 학술행사를 열어 그 성과를
이와 같이 총서에 담아내고 있습니다.

지금까지 저희 연구소에서 개최된 알타이학 관련 국제학술대회의 주
제는 주로 언어와 역사 문화를 둘러싼 다양한 논의들을 포괄해 왔습니
다. 2012년 '오래된 미래, 새로운 알타이학의 모색'에서 일본에서 터키
에 이르는 알타이권역의 언어, 역사, 문화 연구를 총체적으로 살폈고,
2013년의 '알타이어 속의 한국어, 한국어 속의 알타이어'에서는 언어 연

구에 집중하여 한국어를 중심으로 한 계통론적 연구의 첨단적 논의를 펼쳐보았습니다. 언어 연구는 2014년에도 이어져 『한국어의 좌표 찾기: 계통론과 유형론을 넘어서』를 통해 한국어 연구에 있어서 계통론의 실증적 한계를 의식하면서 유형론적 접근의 가능성을 타진해 보기도 했습니다. 2015년에는 언어 연구를 잠시 접어두고 실크로드를 통한 고대 동서 교류의 중심이었던 중앙아시아 알타이 관련 지역의 신화와 역사 및 고고학적 최신 성과들을 한데 모아 한반도와의 관련성을 전체적으로 조망하는 한편 유전학 등 첨단 자연과학과의 접점을 모색함으로써 과감한 학문 융복합적 시도를 하기도 했습니다.

알타이학시리즈 세 번째로 간행되는 이 책에 수록된 연구 성과들은 바로 2015년 국제학술대회에서 발표된 논문을 토대로 하고 있습니다. 내용을 살펴보면 대략 다음과 같습니다.

김선자 선생님의 「페르시아 조로아스터교 경전 『아베스타(Avesta)』와 나시족 경전 『흑백지전(黑白之戰)』의 신화 비교연구」에서는 이란 고원에서 발생한 이원론적 대립 구도를 가진 신화가 실크로드를 통해 중국, 몽골, 만주 지역으로 전파되면서 각 지역의 서사에 영향을 주는 양상을 세밀하게 검증했습니다. 박선미 선생님의 「한반도 촉각식검을 통해 본 동서 교류」에서는 전 세계적으로 발견되는 촉각식검(觸角式劍)이 유럽에서부터 일본까지 이어지는 동서 교류의 양상을 보여주는데, 한반도에서 출토된 쌍조형촉각식검(雙鳥形觸角式劍)은 동북아시아 일대의 것과 어떻게 같고 다른지를 면밀하게 살핌으로써 이를 가진 집단의 성격과 고대 인류의 교역망의 일부를 밝혀줍니다. 장석호 선생님의 「알타이 지역 고대 암각화 속의 기마 전사 연구」는 알타이 산맥 주변 중앙아시아의 암각화를 통해 고대 한국문화와 북방 초원 유목민 문화와의 깊은 상관성을 구체적으로 제시하고 있습니다.

Ts. 체렝도르지 선생님의 「몽골제국 시대 이후 몽골이 아시아의 역사에 끼친 영향에 대하여」는 중국의 원명 교체기 이후에도 존속한 몽골이 주변국 등 동아시아 정세에 적지 않은 영향을 주면서 나름의 역할을 해온 사실들을 개괄하면서 일반적인 오해를 바로잡고자 한 논문입니다. 아르만 베이셰노프 교수님의 'Central Kazakhstan in the System of Early Iron Age Cultures of the Steppe Eurasia'는 초원 유라시아의 초기 철기시대의 문화 시스템을 중앙 카자흐스탄의 사카 족을 중심으로 고찰한 소중한 성과입니다. 여기까지가 2015년의 국제학술대회에 발표된 논문인데 그 외에도 두 편이 첨가되었습니다. 하나는 역시 베이셰노프 선생님의 'Burial and Ritual complex "Kurgan 37 Warriors" in Central Kazakhstan'인데 중앙 카자흐스탄에서 1940년대에 발굴된 '쿠르간 37전사의 무덤'에 관한 논고이며, 또 하나는 굴나라 주마베코바 선생님과 갈리야 바자르바예바 선생님의 공동 논문으로 'Stelae in Funeral Rites of the Kazakhstan Early Nomads' 초기 유목민의 장례식 비석에 관한 것입니다.

알타이학에 대한 이러한 역사 문화적 연구는 그동안 개별 연구자들의 많은 노력에 의해 각각의 분야에서 진행되고 있었으나 이를 한 자리에 모아 실크로드를 중심으로 한 동서 문화 교류와 같은 큰 주제 아래 상호 보완적으로 검토하도록 한 경우는 흔하지 않았을 것입니다. 저희 연구소의 기획은 그런 점에서 조금이나마 일반의 관심을 모으고 침체된 학계의 분위기를 일신하여 알타이학의 허브 구축에 가까이 다가갈 수 있는 기반을 만들고 있지 않나 자평합니다. 우리의 학술적 탐구가 고대 한국의 언어, 역사, 문화의 난제들을 해결하고 미래를 열어가는 데에

도움이 되기를 기대합니다.

　끝으로 '알타이언어문화연구사업'을 지원하고 계시는 한국가스공사 측에 깊은 감사의 말씀을 드리며 이 연구가 결실을 맺을 수 있도록 꾸준히 지켜봐 주시고 격려해 주실 것을 부탁드립니다. 특히 숭고한 뜻을 지니고 이 사업이 시작될 수 있도록 도와주신 한국가스연맹 주강수 총재님께 머리 숙여 감사의 말씀을 전합니다. 또 사업이 계속될 수 있도록 늘 관심을 갖고 조언과 격려를 아끼지 않으시는 한국가스공사 김점수 본부장님과 임직원 여러분들께도 감사드립니다. 그리고 이 책의 집필을 맡아주신 모든 선생님들께 진심으로 감사드리며, 언제나 알타이학 시리즈의 출판을 선뜻 맡아주시는 도서출판 역락의 이대현 사장님과 편집진에도 감사를 드립니다. 또 본 사업의 공동연구원 선생님들과 연구교수 최재준 선생님, 책임연구원 남서영 선생님, 그리고 지난 한 해 일을 도와주신 도재학 박사님과 간행의 기쁨을 같이 나누고 싶습니다.

2016년 9월
가천대학교 아시아문화연구소장 박진수

| 차 례 |

한글편

영문편

한글편

동서문화 교류와 알타이

페르시아 조로아스터교 경전 『아베스타(Avesta)』와 나시족 경전 『흑백지전(黑白之戰)』의 신화 비교연구

김 선 자

중국 신화학자, 연세대학교 중국연구원 전문연구원

1. 들어가는 말

실크로드는 오래된 교역로이면서 동시에 동서양의 문화가 오고간 길이다. 그런데 우리가 주의를 기울여야 할 점이 더 있다. 그 길을 통해 많은 사람들이 오고가면서 동시에 '신화' 역시 오고갔다는 점이다. 중국의 신장위구르자치구는 그런 면에서 특히 더 관심을 기울일만한 곳이다. 서아시아에서부터 우즈베키스탄, 타지키스탄, 키르기스스탄, 카자흐스탄 등 중앙아시아 지역을 거쳐 신장위구르를 통해 중원지역까지 이어지는 실크로드는 신화의 중요한 전파 노선이었고, 종교와 습속 등이 전해진 길이기도 했기 때문이다. 게다가 그 길은 간쑤성(甘肅省)의 하황(河湟) 지역을 통해 남쪽의 쓰촨성(四川省)과 윈난성(雲南省)으로 이어졌고, 그 길을 통해 이주한 고 강족(羌族) 계통의 민족들은 실크로드의 여러 노선을 통해 오고간 신화적 요소들과 종교적 습속들을 함께 갖고 이동했다. 고 강족 계통의 민족들은 '장이주랑(藏彝走廊)'이라 명명된 길을 비롯한 여러 노선을 통하여 지금의 쓰촨성과 윈난성 지역으로 내려갔고, 티베트족(藏族)이나 나시족(納西族)을 비롯한 강족 계통 민족들은 비슷한 신화 모티프를 공유하게 되었다. 그중에서도 빛(光明)과 흰색(白色)에 대한 특별한 숭배의식은 고 강족 계통 민족들이 공통적으로 갖고 있는 중요한 특징 중 하나이다. 티베트 사람들이 흰색을 중시하는 것은 말할 것도 없고, 검은색을 중시하는 이족에게조차 화절(火節)이 여전히 존재하며, 나시족은 하얀 돌로 현현하는 천신인 '쌔도(한어로는 싼둬(三多))'에 대한 신화1)를 전승하고 있다. 흑과 백, 어둠과 빛의 대립 구도를 가진 신화는 특히 티베트족의 「예안전쟁(葉岸戰爭)」이나 나시족의 서사시 「흑백지전(黑白之戰)」에 극명하게 등장한다.2)

그런데 홍미로운 점은 흑과 백, 어둠과 빛의 대립 구도를 가진 이러한 신화가 현재 윈난성에 거주하는 고 강족 계통 민족뿐 아니라 중국의 신장알타이 지역을 지나 초원지역을 거쳐 만주 지역에까지 분포되어 있다는 점이다. 바이칼 지역과 티베트에 전승되는 「게세르(Geser)」 서사시나 만주족의 창세서사시인 「워처쿠우라분(천궁대전天宮大戰)」에 이르기까지, 흑과 백, 어둠과 빛의 대립 구도는 상당히 광범위한 지역의 신화나 서사시에 나타난다. 빛의 천신의 후손인 게세르와 어둠의 천신을 대표

---

1) 나시족의 천신 '쌔도'를 비롯한 고 강족 계통의 흰 돌[白石] 숭배, 검은 색과 흰 색에 대한 관념 등에 대해서는 김선자, 「중국 강족(羌族) 계통 소수민족 신화에 나타난 흰 돌[白石]의 상징성-빛과 불, 그리고 천신」(『중국어문학논집』 제91집, 2015. 4.) 참조.

2) 이 두 가지 신화의 개략적 내용에 대해서는 김선자, 「나시족 창세서사시 『흑백지전(黑白之戰)』에 나타난 '흑'과 '백'의 문화적 맥락에 관한 연구」(『중국어문학논집』 제83집, 2013. 12.) 참조.

하는 갈 둘메의 대립은 그 어떤 서사시보다 빛과 어둠의 대립 구도를
명확하게 드러낸다. 몽골에 전해지는 에를렉(Elec)과 울겐(Ulgen)의 신
화 역시 마찬가지 구도를 지닌다. 에를렉과 울겐의 대립 구도는 만주
족의 『워처쿠우라분』에서도 예루리와 아부카허허의 대립으로 재현되
고 있다. 카자흐스탄의 창세서사시에 등장하는 창세신 쟈사간과 어둠
의 신의 대립 역시 같은 모티프를 지닌다.3) 만주족의 『워처쿠우라분』
에 등장하는 어둠의 신 '예루리'의 이름은 몽골의 어둠의 신 '에를렉'에
서 나온 것으로 보인다. 다른 점이 있다면 게세르가 남성 영웅인 것에
비해 만주족 빛의 천신 아부카허허가 여신으로 등장한다는 점4)뿐이
다. 물론 이러한 서사시들에 등장하는 흑과 백의 대립 구도가 모두 같
은 결말을 갖는 것은 아니다. 빛의 세력이 어둠의 세력을 철저하게 궤
멸시키는 경우도 있지만 그렇지 않은 경우도 있다. 하지만 이 서사시
들은 기본적으로 이원적 대립 구도를 보여주고 있으며, 결말은 언제나
빛의 승리로 끝난다.

그렇다면 이렇게 중국의 신장위구르자치구와 국경을 맞대고 있는 카
자흐스탄이나 키르기스스탄, 타지키스탄에서부터 시작하여 몽골 초원
을 거쳐 유라시아 대륙의 동쪽 끝 만주에까지, 그리고 티베트와 윈난성
의 신화나 서사시에까지 흑과 백, 어둠과 빛의 투쟁이라는 이원(二元)
대립 구도를 가진 신화들이 나타난다면, 그 기원은 과연 어디일까. 물

---

3) 이것에 대해서는 김선자, 「신장알타이의 신화」(『알타이스케치』(신장 알타이 편),
동북아역사재단, 2015) 참조.
4) 사실 어둠의 신과 싸우는 빛의 여신들 이야기는 카자흐족의 신화에도 등장한다.
상위신인 쟈사간의 명령에 따른 것이기는 하지만 카자흐족 신화에서도 어둠의 신
과 싸우는 여신들의 이야기가 등장한다는 것은 만주에서부터 초원으로 이어지는
신화의 길의 존재를 생각해보게 한다.

론 기본적으로는 인류의 가장 오래된 종교 관념인 샤머니즘과 관련되어 있지만, 그것이 흑과 백의 정교한 이원 대립 구도로 정리되면서 여러 민족의 경전에 등장하게 된 것은 고대 페르시아의 조로아스터교와 관계가 깊다고 본다. 그 점을 증명하기 위해 본 논문에서는 조로아스터교의 경전인『아베스타(Avesta)』와 중국의 서남부 윈난성에 거주하는 나시족의 경전『흑백지전(黑白之戰)』(나시어로는 '두애스애')을 비교하는 방법을 택했다.『아베스타』는 조로아스터교의 경전이고『흑백지전』은 나시족의 종교인 둥바교(東巴敎)의 경전이다. 사악한 기운을 몰아내는 제의를 거행하면서 음송되었다는 점에서 공통성을 갖고 있는 이 경전들은 어둠과 빛의 신의 대립이라는 기본 구도를 보여주는 신화를 담고 있다. 지금도 영원한 불이 타오르고 있는 이란의 야즈드(Yazd)와 나시족이 거주하는 윈난성 리장(麗江) 사이에는 공간적 거리가 있으나, 그 공간을 단숨에 뛰어넘을 수 있을 만큼 두 개의 텍스트 사이에는 상당히 깊은 연관성이 존재한다. 두 개의 텍스트를 비교하여 그 관련성을 살펴보고, 고대의 오래된 길을 통해 오고갔던 중요한 신화적 모티프의 경로를 추적해보기로 한다.

2. 조로아스터교와 실크로드

실크로드를 통해 이란 고원의 조로아스터교(祆敎)[5]와 마니교(摩尼敎) 등이 중국의 장안(長安) 지역까지 들어온 것은 잘 알려져 있다. 조로아스터교를 중국에서 '천교(祆敎)'라고 번역하는데, '천'이라는 글자는 '외국

---

5) 조로아스터교의 시작과 발전 과정 등에 대해서는 신양섭의 「페르시아 문화의 동진과 조로아스터교」(『한국중동학회논총』 제30-1호, 2009) 참조.

신(胡神)'이라는 의미가 들어가 있는, 위진남북조 이후에 생겨난 신조어
이다. 천위안(陳垣)은 "'천(祆)'이라는 것은 '천신(祆神)'을 줄여 쓴 것이다.
'천(天)'이라고 하지 않고 '천(祆)'이라고 부른 것은 그것이 외국 천신이기
때문"6)이라고 했다. '천(天)'의 원래 발음이 '톈(tian)'인데 '천(祆)'을 '셴
(xian)'이라고 발음하는 것은 그것이 그 시기 장안 지역의 독음(讀音)이기
때문이라는 주장도 있다.7)

특히 조로아스터교와 마니교를 신봉했던 소그드 상인들은 실크로드
의 가장 중요한 사람들이었다. 박트리아, 소그디아나는 당시 조로아스
터교가 유행했던 곳이었다.8) 아무다리야와 시르다리야 사이에 살고 있
던 '소무구성(昭武九姓)' 즉 '구성호(九姓胡)'가 그들을 가리키는데, 그들을
통해 실크로드가 지나가던 지금의 신장위구르자치구 일대는 물론이거
니와 돈황(敦煌) 일대와 장안까지 조로아스터교가 들어왔다. 2013년에
신장위구르자치구의 타슈쿠얼간(塔什庫爾干) 타지크자치현(塔吉克自治縣)
티즈나푸 향(提孜那甫鄉) 취만 촌(曲曼村)의 고원지대에서 발견된 흑백 석
조 고묘군(黑白石條古墓群)9)은 조로아스터교의 전파 노선에 대한 추측을
가능케 하고 있다. 검은색과 흰색의 돌을 원형으로 늘어놓고 있는 3~8

---

6) 陳垣, 「火祆教入中國考」, 『陳垣學術論文集』 第1集, 中華書局, 1980, p.304. 이 글은 원
   래 1923년 『國學季刊』 第1卷 第1號에 실렸던 것으로, 이후 작자는 1923년 1월과
   1934년 10월, 두 번에 걸쳐 수정을 한 바 있다. 이 책에 실린 글은 1934년에 수정
   한 것이다(p.328). 천위안의 이 글은 중국 학계에서 조로아스터교에 관해 나온 최
   초의 중요 논문으로 평가된다.
7) 彭樹智, 「唐代長安與祆教文化的交往」, 『人文雜誌』 第1期, 1999, p.96.
8) 사실 중국의 자료들을 보면 "波斯國俗事火神天神"(『北史』 卷97, 『魏書』 卷102)을 비
   롯하여 高昌國, 焉耆國, 滑國, 康國, 疏勒國, 于闐國, 安國, 曹國, 史國, 石國, 米國 등 모
   두가 '俗事天神', '俗事火神', '俗事祆神' 했다는 구절이 많이 보인다. 여기 등장하는
   '천신'이 조로아스터교를 의미하는 것이라고 본다.
9) 발굴에 대한 상세한 내용은 巫新華, 「絲路考古新發現-新疆有望成爲世界拜火教起源地
   之一」, 『新疆人文地理』, 2014. 11., pp.10~21. 참조.

세기 샤캬인의 이 무덤에서는 나무로 만든 불의 제단과 도기로 만든 불의 제단이 발견되어 검은색과 흰색 돌, 불에 대한 숭배 등 조로아스터교의 특징들을 보여주고 있다.

돈황에도 소그드인의 마을과 조로아스터 사원(祆敎廟)이 있었으며, 그 사원 안에서 불 대신 등(燈)을 밝히는 습속이 있었다는 기록이 보인다.10) 조로아스터 사원의 상징이 타오르는 성화(聖火)이며,11) 그 불은 바로 '빛'의 상징이다. 조로아스터교가 지금의 중국 지역으로 들어오면서 등불을 켜는 습속으로 바뀌었고, '연등(燃燈)'이 중시 된 것이다. 물론 불교에도 등을 켜는 습속은 있으나, 제메이(解梅)의 말대로 그것은 조로아스터교의 등불과 구분된다. 조로아스터교의 등불은 궁극적으로 '빛'에 대한 숭배라는 상징성을 담고 있기 때문이다.

한편 당나라에는 조로아스터교를 담당하는 '살보(薩寶)'라는 관직까지 있었다. 물론 이 관직이 원래 고창국의 '살박(薩薄)'12)에서 비롯되었고, 한족이 담당했던 그 관직의 직무는 한족이 조로아스터교를 신봉하는

---

10) 解梅는 돈황 문서에서 조로아스터 사원의 '賽天'과 관련된 문장들을 찾아 소개했는데, 제사를 지낼 때 사원에서 술과 음식을 바치고 마술 공연도 한다고 했지만 첫 번째로 꼽은 것이 바로 '燃燈儀式'이다(解梅, 「唐五代敦煌地區賽天儀式考」, 『敦煌學輯刊』 第2期(總第48期), 2005, pp.145~146).

11) 林悟殊는 페르시아 지역 불의 사원에 관한 명확한 최초의 기록으로 그리스 지리학자인 스트라보(Strabo)의 기록을 꼽고 있다. "그들에게는 불의 사원이 있다. 사방을 담으로 둘러쳐놓았는데 가운데에 제단이 있고, 제단에는 많은 재가 있다. 마기들이 불을 영원히 꺼지지 않게 지키고 있다. 그들은 매일 안에서 한 시간 동안 기도를 한다. 불 앞에서 그들은 두건을 쓰고 있는데, 그 두건이 얼굴까지 내려와 입술을 가린다."(林悟殊, 『波斯拜火敎與古代中國』, 臺北 新文豊出版社, 1995, p.55).

12) 아스타나(阿斯塔那) 524號 墓 출토 「高昌永平二年(公元五五〇年)十二月三十日祀部班示爲知祀人名及謫罰事」 9~16行, 『吐魯蕃出土文書』 第二冊, 國家文物局古文獻硏究室 等 編, 1981. 10., pp.46~47.

것을 막는데 있었다는 주장13)도 있지만, 어쨌든 그러한 관직까지 두어
한족을 관리할 정도였다면, 그 시기 조로아스터교가 현지에서는 꽤 성
행했다고 볼 수 있다. 물론 그렇다고 해서 고창국의 조로아스터교가 아
주 강한 힘을 갖고 있던 것은 아니었던 듯하다. 고창의 "습속이 천신을
섬기고, 불교를 함께 믿는다(俗事天神, 兼信佛敎)"14)고 했지만, 그 기록에
등장하는 '천신'이 과연 조로아스터교의 천신인지 아니면 북방 민족의
샤머니즘 체계의 천신인지는 확실치 않기 때문이다.15) 린우수(林悟殊)는
당시 조로아스터교가 성행했다면 고창국이 있었던 지금의 투루판 일대
에 조로아스터교의 가장 큰 특징인 천장(天葬)과 관련된 유적이 있어야
하고, 성화(聖火)를 모신 터 등이 발견되어야 하는데 그런 것이 발굴되지
않았다고 하면서, 고창국에서 모셨다는 '천신'을 조로아스터의 신으로 해
석한 천위안(陳垣)의 견해에 의문을 표한 바 있다.16) 하지만 천위안이
고창국의 '천신(天神)'을 그냥 아무 이유 없이 '조로아스터교'라고 해석한
것은 아니다. 사서에 기록된 다음 문장들을 보기로 하자.

---

13) 王素, 「高昌火祆敎論稿」, 『歷史硏究』 第3期, 1986, p.177. 그는 고창국이 '俗事天神,
兼信佛法'했다는 기록이 그 지역에서 조로아스터교가 엄청나게 성행했다는 의미
가 아니라고 했다. 불교보다는 훨씬 세력이 약했고, '胡天', '丁谷天' 등의 사원이
있기는 했지만 그곳에 가는 것은 주로 '소수민족'이었지 '한족'이 아니었다고 말
했다. 조로아스터교도들이 난을 일으킬까봐 저어하여 한족이 조로아스터교를 믿
는 것을 통제했다는 것이다.
14) 北齊 魏收 撰, 『魏書』 卷101 「列傳」 第89에 "高昌者...俗事天神, 兼信佛法"이라 기록
되어 있다.
15) 이 문장의 '天神'이 조로아스터교의 신을 가리킨다는 설은 일찍이 陳垣이 「火祆敎
入中國考」에서 주장했던 것인데, 80년대에 들어와 林悟殊가 그것에 대해 처음으
로 의문을 제기했다(「論高昌"俗事天神"」, 『歷史硏究』 第4期, 1987). 이후 이 문제는
지금까지도 여전히 많은 논쟁을 불러일으키고 있다. 이 문제에 대한 구체적 논의
들은 宋曉梅의 「我看高昌"俗事天神"-兼談祆敎的東傳」(pp.23~24) 참고.
16) 林悟殊, 「論高昌"俗事天神"」, 『波斯拜火敎與古代中國』, 臺北 新文豊出版社, 1995,
p.126.

페르시아에서는…화신, 천신을 믿는 습속이 있었다…신구 연간
(518~519)에, 페르시아 국왕 거화다가 사신을 파견하여 서신과 공물
을 보내왔다(波斯國…俗事火神, 天神.…神龜中, 其國王居和多遣使上書
貢物).(『魏書』卷102「列傳」第90「西域」)

활국은…위진 이후로 중국과 교류가 없었다. 그러다가 천감 15년
(516)에 이르러, 활국 왕 염대이율타가 사신을 보내어 특산물을 보내
왔다. 보통 원년(520)에, 다시 사신을 파견하여 누런 사자와 하얀 담
비 가죽 옷, 페르시아 비단 등을 보내왔다. 보통 7년에도 표를 보내
고 물건을 보내왔다. 그 나라는 천신, 화신을 섬겨서, 매일 집에서
나가 신에게 제사를 드린 후에 먹었다.(滑國…自魏晉以來, 不通中國.
至天監十五年, 其王厭帶夷栗陁始遣使獻方物. 普通元年, 又遣使獻黃獅子
白貂裘波斯錦等物. 七年又奉表貢獻. 其國事天神, 火神. 每日則出戶祀神
而後食).(『梁書』卷54「列傳」第48「諸夷」)

천위안은 이 두 개의 문장에 등장하는 '화신천신(火神天神)'과 '천신화
신(天神火神)' 그리고 '천신(天神)' 등이 모두 같은 신, 즉 조로아스터의 신
을 가리키는 것이라고 설명했다.17) 이것은 또한 '호천(胡天)'이나 '호천
신(胡天神)'18)과 같은 의미라고 했다. 그러나 린우주는 당나라 정관(貞觀)
연간에 편찬된 『수서(隋書)』에서 '천(祆)'과 '천(天)'을 구분해서 쓰고 있다
고 말하면서,19) 『위서(魏書)』에 기록된 '천(天)'이 '천(祆)'의 의미가 아닐

---

17) 陳垣, 「火祆敎入中國考」, 『陳垣學術論文集』, p.306.
18) 『魏書』卷13「列傳」第1「皇后列傳·宣武靈皇后胡氏」에 "태후가 숭고산에 순행할
때, 부인과 구빈, 공주 이하 따르는 자가 수백 명이었다. 산꼭대기에 올라, 다른
음사는 모두 폐했으나, 호천신만은 예외였다(后幸嵩高山, 夫人九嬪公主已下從者數百
人, 昇於頂中, 廢諸淫祀, 而胡天神不在其列)."라고 하여, '호천신'에 대한 의례를 중
히 여겼음을 보여준다.
19) 『隋書』卷83「列傳」第48「西域」에서 康國을 언급하면서 "有胡律, 置於祆祠, 決罰則

가능성에 대해 언급했다. 그는 오히려 고창국에서 모시던 '천(天)'을 한
족 문헌에 등장하는 인격화된 '천(天)'으로 읽어내려 하고 있다. 하지만
'천(天)'과 '천(祆)'을 구분해서 쓴 것은『수서』의 경우에 해당하는 것이
고,『위서』에서는 '천(祆)'과 '천(天)'을 구분해서 쓰지 않았다.[20] '천(祆)'
과 '천(天)'을 구분해서 쓰는 것은 '천(祆)'자가 만들어진 이후의 일이
다.[21] 즉, '천(祆)'이라는 글자가 당나라 초기에 새로 생겨난 글자이기
때문에 그 이전의 사서에 등장하는 "속사천신(俗事天神)"이라는 구절은
조로아스터교를 가리킬 때 사용하던 관용적 구절이라고 추측해볼 수
있다.[22]

고창국에서 모시던 '천신(天神)'이 한족의 문헌에 등장하는 인격화된
'천'인지, 고대로부터 이어져 내려오던 샤머니즘의 천신(天神) 즉 '텡그리'
인지, 아니면 조로아스터의 천신(祆神)인지에 대해서는 학자들에 따라

取而斷之."라 하였고, 고창에 대해 언급할 때에는 "俗事天神"이라고 하여 강국의
'祆'과 구분했다고 설명한다. 특히『魏書(卷102「列傳」第90「西域」)에서 焉耆國도
"俗事天神"하지만 그 장례 습속이 "死亡者皆焚而後葬"이라고 하여 火葬을 했다는
기록을 언급하면서, 언기국의 '속사천신'에 등장하는 '天神'이 '祆神'이 아니라 그
냥 '天神'일 것이라고 했다.

20) 陳垣은『魏書』卷102에서 康國을 언급할 때 '祆'자가 쓰인 것이 보이기는 하지만
『위서』에 들어간 '서역전' 원본은 이미 사라졌고, 후인이『北史』卷97「列傳」第
85「西域」의 내용을 취해 보충해 넣은 것이라고 했다.『북사』「서역전」은 또한
『수서』를 근거로 쓰인 것이니, 北魏와 南梁 시기에는 '祆'이라는 글자가 없었고,
'祆'이라는 글자는 당나라 초기에 생겨난 신조어라는 말이 된다(陳垣,「火祆敎入中
國考」, 앞의 책, p.308).

21) 당나라 때 나온 책에는 대부분 '祆'과 '天'을 구분해서 쓰고 있다. 예를 들어『通
典』卷193에서 康居에 대해 묘사할 때 杜環의『經行記』를 인용하여 "康國…有神祠
名祆"이라 했고, 段成式의『酉陽雜俎』卷4에도 '擧俗事祆'이라고 쓴 것이 보인다.

22)『舊唐書』卷198「列傳」第148에서는 "疏勒國…俗事祆神, 有胡書文字," "于闐國…好
事祆神, 崇佛敎," "波斯國…俗事天地日月水火諸神, 西域諸胡事火祆者, 皆詣波斯受法焉"
이라고 쓰고 있다. 여기 등장하는 '俗事祆神'은 이전 시대의 문헌에 등장하는 '俗
事天神'과 같은 의미로 보인다.

의견이 엇갈리지만, 6세기 초반 혹은 그보다 수십 년 이른 시기에 중국 땅에 조로아스터교가 들어왔을 가능성에 대해서는 대부분의 학자들이 공감하고 있다. 조로아스터교가 중국으로 들어온 시기에 대해 천위안은 북위 신구(神龜) 연간(516~519)이라고 보지만, 린우주는 그것보다 반세기 정도는 빠른 시기에 들어왔을 것이라고 추정한다.23) 장건의 서역 출사 이전에 이미 중국 땅과 서아시아 사이에 연결되는 길이 있었을 것이라는 점은 문헌자료의 내용을 통해 충분히 확인할 수 있다. 특히 『사기(史記)』 권123 「대완열전(大宛列傳)」 제63에 나오는, 장건이 대하(大夏)(박트리아)에 있을 때 대하에서 동남쪽으로 수천 리 떨어진 신독(身毒)(인도)에서 가져왔다는 "공죽장(邛竹杖)과 촉포(蜀布)를 보았다"는 구절은 장건의 공식적인 출사 이전에 중국 땅과 서아시아, 인도 사이를 이어주는 길이 분명히 있었음을 보여준다. 즉 공식적인 문건에 기록되지 않았을 뿐이지 이미 오래 전부터 사람들은 중국과 인도, 멀리 서아시아까지 오고갔던 것이다.

한편, 장건 출사 이후 서역과의 공식적인 접촉이 이루어진다. 양한 이후에는 서역으로 가는 전통적인 두 개의 노선(남도(南道)와 중도(中道)) 이외에 '신도(新道)'가 추가된다. 상황이 그러했으니, 인도와 같은 연원을 지니는 페르시아 문화가, 특히 아케메네스 왕조 시기의 조로아스터교도와 소그드인 들이 6세기 초 이전에 중국 땅에 들어왔을 가능성은 충분히 있다. 특히 『위서』에는 사산조 페르시아 왕조의 사람들이 중국 땅에 온 기록이 여러 차례에 걸쳐 등장한다.24) 다리우스 1세의 베히스툰 비

---

23) 林悟殊, 「火祆敎始通中國的再認識」, 앞의 책, pp.110~111.
24) 『魏書』 卷5 「高宗紀」 第5에 魏 文成帝 太安 元年 "시월에, 페르시아와 카슈가르가 모두 사신을 보내어 조공을 했다(冬十月, 波斯, 疏勒國幷遣使朝貢)."라는 구절이 보

문에서도 볼 수 있듯, 다리우스 1세는 '아후라 마즈다가 자신에게 왕국
을 주었다'고 말했다. 왕권 강화를 위해 아후라 마즈다를 전면에 내세우
면서25) 조로아스터교가 국교가 되었던 것이다. 이처럼 조로아스터교를
국교로 삼았던 사산조 페르시아 사람들이 북위에 왔다면, 그중에 조로
아스터교도들이 포함되었을 수도 있다. 다만 그들이 믿는 것이 '조로아
스터교'라는 새로운 종교임을 아직 잘 몰랐기에 중국 측의 사서에 미처
기록되지 않았을 것이다.

　서역 인이 중국 땅에 대량으로 유입된 시기는 북위의 서역 경영
(435~439) 이후로 추측된다. 439년에 북위가 북방을 통일한 이후 서역
제국과의 관계가 대폭 강화되었고, 도읍이었던 낙양(洛陽)에는 '사이관
(四夷館)'이 설립되기에 이르렀다. 또한 한나라 때 '안식(安息)'이라고 칭했
던 지역을『위서』에서부터 '파사(波斯)', 즉 '페르시아'라고 쓰기 시작했
다. 앞에서도 언급했듯,『위서』의 기록에 의하면 페르시아 사절단이 북
위에 왔다는 기록이 10여 차례에 걸쳐 보인다. 지금 허베이성(河北省)을
비롯해 내몽골과 신장 일대에서 발견된 북위 시대 묘에서 페르시아 은
화가 출토된 것도 그 증거이다.26) 그러니까 중국에서 조로아스터교가
사람들의 관심을 끈 것은 5세기 중엽 이후의 일이고, 그 무렵이 중국

이고, 卷6「顯祖紀」第6에도 魏 獻文帝 天安 元年에 "페르시아와 호탄 등… 여러
나라가 각각 사신을 파견하여 공물을 바쳐왔다(波斯, 于闐…諸國各遣使朝獻)."라는
구절이 보이며, 卷7「高祖紀」第7에도 魏 孝文皇帝 承明 元年 春二月에 "유연과…페
르시아 등 여러 나라가 각각 사신을 보내어 조공을 했다(蠕蠕…波斯諸國并遣使朝
貢)."라는 구절이 보이는데, 이런 내용으로 보아 이미 5세기 중엽에 페르시아, 카
슈가르, 호탄, 유연 등 서역 지역과 인적 교류가 있었음을 알 수 있다.
25) 이 점에 대해서는 김인화,『페르시아 아케메네스조의 왕권이념-다리우스 1세를
　　중심으로』, 고려대학교 사학과 석사학위논문(2014) 참조.
26) 陳佳榮,『中外交通史』, 香港學津書店, 1987, p.92

땅에 조로아스터교가 유입된 최초의 시기일 것이다.[27]

그런데 적어도 북제(北齊)(550~577), 북주(北周)(557~581) 시대에 조로아스터교가 이미 중원 지역까지 들어와 있었음이 확실하다는 사실을 보여주는 증거들이 나왔다. 북제 우홍묘(虞弘墓)(1999)와 북주 안가묘(安伽墓)(2000), 사군묘(史君墓)(2003), 강업묘(康業墓)(2004) 등이 발굴된 것이다.(*괄호 안은 발굴 연대) 이 무덤들은 주로 석관상(石棺床)의 형태를 갖고 있어서 북조 시대에 조로아스터교가 지금의 신장(新疆)과 간쑤(甘肅) 일대는 물론, 산시(山西) 지역까지 깊숙하게 들어와 있었음을 보여주고 있다. 시신이 땅을 오염시키는 것을 막기 위해 석관상을 설치한 것이다. 그렇다면 5~6세기 무렵 고창 지역에 조로아스터교가 들어왔을 가능성은 충분하다. 그것이 고창 지역에서 엄청나게 유행한 종교는 아니었을지라도 신도들이 '호천(胡天)'이라 기록된 자신들의 사원에서 제사를 올렸으며, 그것이 동쪽으로 전해져 중원지역까지 들어왔다는 사실이 분명해진 것이다. 투루판에서 발견된 문서들 역시 그 가능성을 보여주고 있다. 그리고 그것이 유입되는 과정에서 북조 여러 왕조들이 중요한 역할을 담당했다. 북위의 습속을 그대로 계승한 것으로 보이는 북제에 '살보(薩甫)'[28]라는 관직이 있었다는 사실이 그것을 보여주며, 북조

---

27) 그런데 沈福偉는 『中西文化交流史』(上海人民出版社, 2006)에서 516년에 "天神, 火神을 신봉하는 滑國(昆都士) 사신이 建康에 와서, 梁나라와 교류했으며, 518년에는 페르시아 사신이 北魏로 가게 되어 중국에서 마침내 滑國과 페르시아가 天神, 火神을 신봉한다는 것을 알게 되었다"고 쓰고 있다(p.163).

28) '薩寶', '薩保', '薩甫' 등의 관직 명칭에 대해 일찍이 일본학자 藤田豊八은 그것이 산스크리트어 'Sārthavāho'(商主라는 뜻)의 음사라고 하였고, 펠리오는 시리아어 'Saba'(長者라는 뜻)라고 했다. 『中西文化交流史』에서는 '살보'가 투르크어로, 무리를 지어 이주하는 자들의 우두머리, 즉 '隊商의 지도자'라는 의미라고 말했다(p.164). 그러니까 중국으로 이주해와 거주하는 중앙아시아 이민, 특히 조로아스터교를 신봉하는 사람들의 지도자를 '살보'라고 불렀다는 것이다. 이 호칭에 대

[그림 1, 2] 산시성 우홍묘 출토 석곽에 새겨진 성화 제단과 마스크를 쓴 인면조신의 신

왕조들이 활동했던 지역에서 출토된 유물들은 그 사실을 더욱 명확하게
증명하고 있다.

1999년에 발견된 산시성(山西省) 우홍묘의 석곽(石槨)에 새겨진 성화(聖
火) 제단(祭壇)과 마스크(padam)를 쓴 인면조신(人面鳥身)의 신 도상이 그
대표적 증거이다. '어국(魚國)' 출신인 우홍은 13세 때 유연(柔然)의 사신이
되어 페르시아와 토욕혼(吐谷渾)에 갔다. 이후 북제로 돌아온 우홍은 북주
에서 검교살보부(檢校薩寶府)라는 직책을 맡았다. 린메이춘(林梅村)은 우홍
이 태어났다는 '어국'에 대해 언어학적으로 접근하여 그가 튀르크 계통의
'계호(稽胡)'에 속한다고 주장한 바 있다.29) 조로아스터교가 소그드나 페
르시아인들 뿐 아니라 중앙아시아의 철륵(鐵勒), 튀르크 계통의 언어를
사용했던 계호 등에게도 퍼져있었다는 것이다.

한 자세한 논의는 姜伯勤의『敦煌吐魯番文書與絲綢之路』(文物出版社, 1994, pp.228~
231) 참조.
29) 林梅村,「稽胡事跡考-太原新出虞弘墓志的幾個問題」,『中國史硏究』第1期, 2002, p.72.

시안(西安)에서 2000년에 발굴된 북주 안가묘와 2003년에 발굴된 사군묘에도 비슷한 성화와 인면조신의 신(神) 도상이 등장하는 것<그림 1, 2>을 볼 때, 조로아스터교가 이미 북조 여러 나라들로 들어왔음을 알 수 있다. 사군묘에서는 묘지(墓誌)가 발견되었는데, 사군은 북제의 '살보'였다는 기록이 보인다.30) 사군묘와 멀지 않은 곳에서 발굴된 안가묘의 주인 역시 묘지명(「大周大都督同州薩保安君墓誌銘」)에 의하면 당시의 양주(涼州), 지금의 간쑤성 우웨이(武威) 사람이었다고 하는데, 그의 성씨로 보아 소무구성 중 하나, 즉 소그드인으로 보인다. 그는 당시에 동주(同州, 지금의 쓰촨성(四川省) 다리(大荔)) 살보를 맡았었다. 안가묘의 석문(石門) 위 반원형의 문액(門額)에는 가운데에 낙타 세 마리가 보이고, 낙타의 등 위에 불타오르는 제단이 보인다. 불의 제단 양옆에는 비파와 공후를 든 비천(飛天)이 보인다. 「발굴간보」에서는 이 장면이 문액의 정중앙에 새

---

30) "史國人也, 本居西土…授涼州薩保…大象原年薨于家, 年八十六. 妻康氏"라는 구절이 보인다(楊軍凱,「關于祆敎的第三次重大發現-西安北周薩保史君墓」,『文物天地』第1期, 2003, p.27).

[그림 3, 4, 5, 6] 북주 안가묘 문액에 새겨진 낙타 등 위의 성화 제단과
마스크를 쓴 인면조신의 신들

겨져 있다는 점으로 볼 때 종교적 속성을 보여준다고 했다.[31] 제단의
양쪽에는 또한 사군묘에서도 보였던 것처럼, 마스크를 쓴 인면조신의
신과 제물을 얹은 탁자가 보인다. 불의 제단 위쪽에 아후라 마즈다의
상징인 날개 달린 해의 도상이 있고, 아래에 불의 제단이 있으며, 양쪽
에 제사 도구와 나무 가지를 손에 든 두 명의 사제가 서있다<그림 3, 4,
5, 6>. 이 장면은 페르세폴리스의 인장에서도 발견된,[32] 전형적인 조
로아스터교의 도상이다. 지금의 중원지역에서 발굴된 '살보'들의 무덤에
새겨진 타오르는 불의 제단과 마스크를 쓴 인면조신의 사제 모습은 조
로아스터교가 북조 시절에 이미 중원 땅에서도 상당히 유행했음을 보여
주고 있는 것이다.

또한 앞에서 언급한 『위서』권13 「황후열전」의 기록뿐 아니라 『수서

---

31) 陝西省考古硏究所,「西安北郊北周安伽墓發掘簡報」,『考古與文物』第5期, 2000, p.31.
32) 孫武軍,「阿胡拉馬玆達象徵圖像源流辨析」,『西域硏究』第2期, 2015, p.106.

『(隋書)』권7 「예의지(禮儀志)」33) 등 여러 기록들을 통해 북조의 통치자들이 조로아스터교를 상당히 중시했음을 알 수 있다. 그리고 종교나 문화에 대해 개방적이었던 당나라 때에도 그러한 경향이 유행했음은 충분히 짐작할 수 있다.

당나라 때에도 조로아스터교가 성행해서, 장안에만 해도 조로아스터교 사원이 여러 개 있었다. 이미 실전된 위술(韋述)의 『양경신기(兩京新記)』에 의하면 서경(西京) 포정방(布政坊) 서남쪽의 호천사(胡天祠), 예천방(醴泉坊) 서북쪽의 천사(祆祠), 보녕방(普寧坊) 서북쪽의 천사(祆祠)가 있었다고 하고,34) 위술의 기록에 근거해 쓰인 송민구(宋敏求)의 『장안지(長安志)』권9에서는 서경(西京)의 호천사(胡天祠)가 네 개라고 하는 내용도 보인다.35) 그리고 조로아스터교 사원을 관장하는 관리를 두었는데 그것이 바로 '살보(薩寶)'이다. 당나라 때에도 '살보부천정(薩寶府祆正)', '살보부천축(薩寶府祆祝)' 등이 있었는데(『通典』卷40 「職官典」), 무덕(武德) 4년(621)에 설치했다. 『수서』「백관지(百官志)」권28에도 "옹주살보는 7품으로, 여러 주에 설치된 외국인 2백 호 이상의 살보는 정9품으로 여겨졌다(雍州

---

33) "後主末年, 祭非其鬼, 至於躬自鼓舞, 以事胡天. 鄴中遂多淫祀, 茲風至今不絶. 後周欲招來西域, 又有拜胡天制, 皇帝親焉. 其儀並從夷俗, 淫僻不可紀也."(『隋書』卷7 「志」第2 「禮儀二」)

34) 『中西文化交流史』에서는 이밖에도 장안에는 靖恭坊, 崇化坊이 있었고, 낙양에도 會節坊, 立德坊, 南市西坊에도 祆祠가 있었으며, 涼州에도 祆神祠가 있었다고 한다(p.164). 그중에서 장안의 포정방이 621년에 가장 먼저 세워졌다. 이후 훼불 사건 때 조로아스터교와 경교, 마니교도 등 3천여 명이 환속되었다는 기록도 있으나 조로아스터교는 여전히 명맥을 이어가, 송대에도 開封城 북쪽에 祆祠가 있었다는 기록이 있다(北宋 張邦基 『墨莊漫錄』卷4).

35) 陳垣, 앞의 책, p.316에서 인용함. 陳垣은 여러 자료들을 통해 볼 때 당나라 때의 조로아스터교 사원은 兩京뿐 아니라 '磧西諸州' 이곳저곳에 모두 있었을 것이라고 추측한다. 하지만 그곳에서 민중들이 기도했던 것은 아니고, 일종의 官廟였을 것이라고 말한다(앞의 책, p.318).

薩保爲視七品, 諸州胡二百戶已上薩保爲視正九品)."라는 기록이 보인다.36) 관직
의 품계가 높은 것은 아니었지만 개원(開元) 초기에 많은 관직을 없애면
서도 이 직책을 남겨둔 것으로 볼 때, 서역 인에 대한 회유책이라는 중
요한 의미를 지니고 있었던 것임을 알 수 있다.37)

그렇다면, 실크로드를 통해 장안까지 들어온 조로아스터교의 중요한
요소들이 실크로드와 연결된 또 다른 길들을 통해 민족의 이동 노선을
따라 함께 이동했을 가능성 역시 높아진다. 저(氐)·강(羌) 계통의 민족
들이 거주하던 하황(河湟) 지역에서 쓰촨성과 윈난성으로 이어지는 '장
이주랑' 역시 그런 길 중의 하나이다. 이 길과 더불어 하나 더 주의 깊
게 보아야 할 노선이 있는데, 그것은 이란고원에서 인도와 티베트 서부
티베트 아리(阿里) 지역으로 이어지는 길이다. 이 길을 통해 인도-이란
인의 종교들이 티베트로 유입되었기 때문이며, 그것이 윈난성 서북부에
서 오랜 세월 동안 티베트와 경계를 이루며 살았던 나시족의 종교인 둥
바교에 영향을 미쳤기 때문이다.

3. 조로아스터교와 관련된 습속의 전래

한편 조로아스터교의 흔적은 중앙아시아와 신장위구르자치구 지역에
남아있는 '노르즈'라는 축제에서도 볼 수 있다. 특히 카자흐족은 일찍부

---

36) 수나라 때에는 살보를 '雍州薩寶'와 '諸州薩寶'로, 당나라 때에는 '京邑薩寶'와 '諸
    州薩寶'로 나눴다.
37) 당나라 때에 '살보'라는 직책이 중요했던 이유를 陳垣은 이렇게 설명하고 있다
    (앞의 책, p.319).

터 페르시아와 가깝게 지냈고, 알타이 지역은 초원 실크로드의 중요한 통로였다. 카자흐 사람들의 유명한 명절인 '노르즈' 역시 페르시아의 '노우루즈(Nowruz)'('새로운 날'이라는 뜻)라는 춘분 의례에서부터 왔다. 제의가 시작되는 첫날 밤 달이 뜰 때 마당에 불을 피우고 사람과 가축이 불을 지나가는 의례를 행하곤 했는데, 이런 습속은 결혼식 때 불을 뛰어넘는 카자흐족의 의례에도 남아있다. 중앙아시아 지역에 지금도 전승되고 있는 '나브루즈' 축제 역시 조로아스터교에서부터 시작되었다. 중앙아시아 지역에 이슬람이 들어오면서 조로아스터교의 교의와 관련된 부분은 사라지고 민속화의 과정을 겪으며 살아남은 의례라는 것인데,[38] 겨울이 끝나고 낮의 길이가 길어지는 이때가 바로 새해의 시작이다. 빛의 힘이 어둠을 누르게 되는 시기인 것이다. 노우르즈는 '선이 악을 물리친 날을 기념하는 절기'[39]로서 이란에서도 이미 2500년 이상 지켜진 전통 명절이다. 중앙아시아지역에 이슬람이 도래하면서 조로아스터라는 종교는 서서히 사라지게 되었지만 그것과 관련된 습속들은 지금도 여전히 이어지고 있는 것이다. 한편 중앙아시아 지역에서는 무덤을 밝히는 습속도 있었다고 한다. 타지크족의 무덤에는 묘혈 위에 벽감 하나를 만들어 명절 때마다 그곳에 불을 밝혔다고 하고, 사람이 죽으면 집안의 탁자 위에 환하게 촛불을 밝혀 영혼의 길을 밝혀주었다고 한다. 죽은 후 일 년 동안은 명절이 될 때마다 집안의 문 위에 촛불 두 개를 켜주었다는 것이다.

이처럼 빛을 중시하는 습속이 지금도 카자흐족과 타지크족 등에게 여전히 남아있다면, 중국 내에 거주하는 윈난성 지역의 고 강족 계통

---

38) 장준희, 「중앙아시아의 전통축제 '나브루즈' 고찰」, 『비교민속학』 제43집, p.150.
39) 유홍태, 『페르시아의 종교』, 살림출판사, 2010, p.41.

민족에게도 빛에 대한 숭배와 불 축제 등이 전승되고 있다. 흰 돌[白石]
에 대한 강족 계통 민족들의 뿌리 깊은 숭배의식과 나시족이나 푸미족
등에게 나타나는 신성한 불(쭝바라, 宗巴拉)에 대한 숭배, 이족의 횃불 제
사(火把節), 티베트족과 나시족의 흰색과 빛에 대한 중시 등이 모두 그러
한 전통의 흔적이다.40)

특히 티베트 뵌교의 가장 중요한 특색 중 하나가 흰색과 빛에 대한
숭배인데, 티베트에서 뵌교가 시작된 곳이 서부의 샹슝(象雄, 지금의 '아
리') 지역이다. 또한 뵌교의 조사인 셴랍미보(gshen-rab-mi-bo)가 '대식'(大
食, stag-gzig) 사람이라고 하는 것을 생각해 볼 때, 티베트의 뵌교와 조
로아스터교의 관계를 짐작할 수 있다. '대식'을 '타지크'라고 해석하는데,
대부분의 학자들은 그것이 사산조 페르시아를 가리킨다고 본다.41) 뵌교
와의 오랜 투쟁 과정을 거쳐 불교가 티베트에 자리하게 되는데, 불교가
자리 잡기 이전에 티베트를 대표하는 것은 뵌교였다. 그 뵌교가 서쪽에
서부터 왔을 가능성이 크고, 시기적으로 볼 때 그 지역을 풍미했던 조로
아스터교와 관계가 있다는 생각을 해볼 수 있다. 실제로 티베트에 전승
되는 최초의 짼보들에 관한 신화를 보면 그들은 모두 '하늘의 줄(무탁,
dmu-thag)'을 타고 하늘에서 내려와 티베트를 다스렸다고 한다. 특히 네티
짼보(nyag-khri-btsan-po)에 관한 신화나 지굼짼뽀(dri-gum-btsan-po)에 관한
신화들을 보면 '하늘의 줄'에 관한 것이 중요한 모티프로 등장하는데, 장

---

40) 나시족과 티베트족 등 고 강족 계통 민족의 하얀 돌과 빛에 대한 숭배 관념에 대
해서는 김선자, 「중국 강족(羌族) 계통 소수민족 신화에 나타난 흰 돌[白石]의 상
징성-빛과 불, 그리고 천신」(『중국어문학논집』 제91호, 2015. 4.) 참조.
41) 신규섭 역시 '타지크'를 고대 이란으로 보고 있다. 그는 "타직은 아리안족으로서
중앙아시아의 이란계 민족을 가리킨다"라고 했다(신규섭, 「페르시아 관점에서 본
실크로드의 의미와 주체적 해석」, 『한중미래연구』 제2호, 2014).

윈(張云)은 그것을 '빛의 줄(光索)'이라고 보고 있다.[42] 빛의 천신이 하늘에서 내려와 티베트 고원을 다스렸다는 것인데, 뵌교가 흰색과 빛을 중시하는 종교라는 점에서 볼 때 상당히 일리가 있는 해석이라 하겠다.

무엇보다, 티베트의 장례습속인 '조장(鳥葬)' 역시 조로아스터의 장례습속과 비슷한 점이 있다. 조로아스터교에서도 사람이 죽으면 그 시신을 일정 기간 동안 산꼭대기나 높은 대(臺, dakhma)에 올려놓고 개나 새에게 먹게 하였다. 그런 후에 뼈를 거두어 보관했는데, 그것을 뼈 항아리(Ossuary)[43]라고 했다. 뿐만 아니라 물이나 흙 등 모두가 정결한 것이기에 사람의 시신이 오염시키면 안 된다고 여겨 그렇게 했던 것이다. 『아베스타』「반디다드(Vandidad)」에도 이것과 관련된 기록들이 보이는데, 사람이 죽으면 그 시신을 "햇볕 아래 두어 말린다"고 했다. "빗물이 묘혈을 깨끗이 씻어내며 시신과 썩은 모든 더러운 것들을 씻어버리고, 남은 모든 더러운 것들을 매가 모두 먹어치울 때까지 그렇게 한다"[44]고 했다. 사산조 페르시아에서는 아예 '천장'을 일률적으로 시행하게 했다. 한편, 중국의 사서에는 이러한 행위를 '기시(棄屍)'라고 묘사하고 있다.

> 페르시아에서는⋯그 풍습이 조로아스터의 신을 믿었다⋯죽은 자는 대부분 산에 내다놓았고, 장례 기간은 한 달이었다(波斯國⋯俗事火天神⋯死者多棄屍於山, 一月治服).(『周書』 卷50 「列傳」 第42 「異域下」)

---

42) 張云, 「本教古史傳說與波斯祆教的影響」, 『中國藏學』 4期, 1998, pp.73~74.

43) 조로아스터교의 다양한 뼈 항아리에 대해서는 민병훈, 「西투르키스탄의 諸宗教遺跡 및 出土遺物-佛教와 조로아스터교를 中心으로」(『미술사연구』 13, 1999. 12, pp.162~165 참조).

44) 元文祺 譯, 『아베스타(阿維斯塔)』 第4卷 「반디다드(萬迪達德)」 第5章 10~14, 商務印書館, 2005, pp.292~293.

페르시아에서는…사람이 죽으면 대부분 산에 내다놓았다(波斯國…
死者多棄尸於山.)(『魏書』卷102「列傳」第90「西域」)

　페르시아에서는…사람이 죽으면 산에 시신을 내다놓았고, 장례
기간은 한 달이었다(波斯…人死者, 棄屍於山, 持服一月).(『隋書』卷83
「列傳」第48「西域」)

　페르시아에서는…사람이 죽으면 대부분 시신을 내다 놓는다(波
斯…死多棄屍).(『大唐西域記』卷11)

　이런 기록들을 통해 페르시아의 조로아스터교가 시신을 산에 두는 소위
'천장'의 습속을 갖고 있었음을 명확하게 알 수 있다. 아랍의 이슬람교도들에
의해 사산조 페르시아가 정복된 후 일단의
조로아스터교도들이 동쪽으로 이동해 인도
서해안으로 들어가 그곳에 거주하며 '파르
시 인(Parsis)'이라고 불렸는데, 그들은 지
금까지도 시신을 일정 장소에 두는 '천장'
의 습속을 지켜오고 있다고 한다.45)
　일본 미호(Miho) 박물관에 소장된
석관상(石棺床) 후벽(後壁) 세 번째 석판
(石板)에 조로아스터교 장례 장면이 새
겨져 있는데<그림 7>, 불의 제단 앞에

[그림 7] 일본 미호 박물관 소장
석관상 후벽 세 번째 석판

---

45) 林悟殊, 앞의 책, p.125. 인도 뭄바이에 주로 거주했던 '파르시'들의 흔적인 '무성
　탑'은 중국 광저우(廣州)에서도 찾을 수 있다. 19세기 중반에 만들어진 '무성탑'
　이 지금도 광저우 파르시산(바스산(巴斯山))에 남아 있다.

서 사제가 의례를 행하고 있고, 사람들이 얼굴에 상처를 내며 울고 있다. 곁에는 개 한 마리가 바라보고 있는데, 이것을 가리켜 '견시 (犬視, Sagdid)'라고 했다.46) 중국 내에서는 그러한 조로아스터교 장례 장소를 '침묵의 탑(無聲塔)'이라고 불렀다는 기록이 있다. 새에게 시신을 먹게 하는 티베트의 장례 풍습은 오래된 조로아스터교의 장례 풍습의 영향을 받은 것일 가능성이 있다.

불교와 기독교, 이슬람이 생겨나면서 조로아스터교는 밀려났지만, 거대 종교 탄생 이전의 유라시아 대륙에서 가장 영향력이 있었던 종교라면 단연 조로아스터교를 꼽을 수 있다. 조로아스터교 이후에 유라시아 대륙을 지배하게 된 기독교와 이슬람 역시 '빛'의 종교라고 부를 수 있으며, 티베트 지역의 불교 역시 빛의 종교라고 할 수 있는 뵌교47)적 요소들을 받아들였음을 기억해야 할 것이다. 또한 티베트족과 경계를 이루면서 오랜 세월 동안 살아왔던 윈난성 북부의 나시족의 둥바교 역시 티베트 뵌교의 영향을 많이 받았음은 대부분의 학자들이 인정하고 있다.48) 앞에서도 언급했듯 나시족에게도 빛과 불, 빛의 천신을 상징하는 하얀 돌에 대한 숭배 의식이 있고, 영혼에게 불의 세례를 주는 화장의 습속이 있었다. 이쯤에서, 조로아스터교의 경전인 『아베스타』에 관심을 기울이지 않을 수 없다. 빛과 어둠의 이원 대립 구도라는, 유라시아 대

---

46) J. Lerner의 견해를 인용하여 榮新江이 『中古中國與外來文明』에서 소개한 내용이다 (北京三聯書店, 2001, pp.154~155).

47) 페르시아어에서 '뵌'이라는 단어가 '뿌리'라는 뜻을 갖는 동시에 그 단어의 어원이 '빛'에 있다는 점, 그리고 고대 인도어에서도 '광선', '광명'이라는 뜻을 담고 있다는 점에 유의해야 한다(陶占琦, 「從神話經典及其所涉文化因素看東巴教與古苯巴敎的關係」, p.63).

48) 티베트 뵌교와 나시족 종교의 관련성에 대한 상세한 내용은 김선자, 앞의 논문 (2013)을 참조.

륙에서 아마도 가장 널리 퍼져있다고 할 수 있는 신화적 모티프가 상당
부분 그 경전의 영향을 받았을 가능성이 크기 때문이다.

4. 어둠과 빛의 대립과 『아베스타』, 『흑백지전』

조로아스터교와 마니교야말로 빛의 종교이며, 빛과 어둠의 대립과
투쟁, 빛의 최종적 승리가 경전의 중요한 부분을 차지한다. 흑과 백의
대립과 조화라는 요소는 물론 전 세계 어디에나 존재하는 것이지만, 특
히 유라시아 초원과 원난성 지역에 나타나는 흑과 백의 대립과 투쟁,
흑의 철저한 훼멸 등의 모티프는 조로아스터교 경전인 『아베스타』와
매우 밀접한 관련성을 지니고 있기에, 그것을 비교 분석해볼 이유가 충
분히 있다. 물론 이원 대립 구도라는 것은 어느 문화권에서나 나타나는
것이지만, 조로아스터교에서 비롯된 이원 대립 구도가 특히 중요하게
여겨지는 것은, 그 종교가 이란고원에서부터 시작하여 중앙아시아를 거
쳐 중국에 이르기까지 매우 폭넓게 영향력을 미쳤기 때문이며 또한 선
과 악, 빛과 어둠의 이원대립 구도를 철학과 종교의 영역에까지 끌어올
렸기 때문이다.[49] 무엇보다, 그것이 선과 악의 대립에서 통일로 나아가
는 과정을 보여주지 않는, 시종일관 완전한 이원론의 형태를 보여주고
있기 때문이다.

---

49) 이 점에 대해서는 邱紫華와 李寧 역시 "많은 민족들이 이원대립 구도를 종교 신
    앙과 철학적 사유의 영역에까지 끌어올려 숭배하고 있지는 않다. 이런 관념을 가
    장 전형적인 철학과 종교의 높이에까지 올려놓은 것이 바로 페르시아인이 만들
    어낸 조로아스터교이다."라고 말하고 있다(邱紫華·李寧, 「古代波斯宗教哲學的二元
    本體論及原型意象的審美闡釋」, 『黃岡師範學院學報』 第20卷 第2期, 2000. 4., p.27).

현재 전해지는 『아베스타』50)는 몇 개의 편으로 구성되어 있다. 첫 번째와 두 번째는 「가타(Gatha)」와 「야스나(Yasna)」이다. '야스나'는 '제 사' 혹은 '찬송'이라는 뜻으로, 사제들이 제사를 지낼 때 신께 음송하는 내용을 담고 있다. 그 안에는 조로아스터와 '호움(Houm, 『리그베다』의 소 마(soma))'과의 대화가 들어있는 등, 그들의 조상들에 대한 신화전설도 담고 있다. 모두 72편인데 그중 17편을 「가타」라고 한다. 기원전 11세 기에 이란 동부 지역에서 성립되었을 것이라고 여겨지는 「가타」에는 특히 농경민의 입장에서 유목민을 어둠의 세력으로 바라보는 시선이 바 탕에 깔려있다.51) 유목을 주로 하던 '마즈다 야스나' 교파와 농목(農牧) 을 주로하던 '데비 야스나' 교파의 갈등이라는, 그 시기의 사회적 배경 을 반영하고 있는 듯하다. 「가타」는 조로아스터 본인의 작품이라고도 하며, 『아베스타』에서 가장 중요한 부분으로 여겨진다. 「가타」는 인도 의 「베다」와 언어가 비슷하며 신의 이름 등 내용면에 있어서도 비슷한 점이 많다. 세 번째는 「야쉬트(Yasht)」로서 아후라 마즈다를 비롯한 여 러 신들 즉 물의 신 아나히타(Anahita), 달의 신 마흐(Mah), 비의 신 티 르(Tir), 빛과 서약의 신 메흐르(Mehr), 토지신 잠야드(Zamyad) 등, 다양 한 신들에게 바치는 찬송 시이다. 가장 길 뿐 아니라 많은 신들에 대한 이야기가 들어 있어서 신화 연구의 좋은 자료가 된다. 네 번째 「반디다

---

50) 여기서 분석의 대상으로 삼은 판본은 중국어판 『아베스타』, 즉 『阿維斯塔-瑣羅亞 德教聖書』(伊郎 賈利爾·杜斯特哈赫 選編, 元文琪 譯, 商務印書館, 2005)이다. 이 책의 후반부에는 위안원치가 쓴 「아베스타 도독(阿維斯塔導讀)」, pp.342~538)이 실려 있는데, 『아베스타』의 편찬 시기와 내용 등에 대해 구체적으로 소개하고 있어 매 우 유용하다. 『아베스타』의 영문 번역본은 http://www.avesta.org/avesta.html 참조.
51) "목축에 종사하는 농부들은 선의 수호자들이라네," "수초를 따라 다니며 거주하 는 유목민(농업에 종사하지 않는)들, 어떻게 노력해도 마즈다의 복음을 듣지 못 하리라."(「가타」, 「야스나」 31:10) 같은 구절이 그런 시각을 보여준다.

드(Vandidad)」는 '구마법(驅魔法)' 즉 '요마들을 쫓아내는 법규'라고 불린
다. 여기서 말하는 '요마'는 조로아스터교가 성립되기 이전, 인도-아리
안 계통의 수많은 신들을 가리킨다. 정결함이 사악한 것을 물리친다는
내용이 들어 있다. 다섯 번째 「비스파라드(Visparad)」는 악의 세력과 싸
우는 선계(善界)의 지상신과 세속적 혹은 종교적 지도자를 가리킨다. 이
들에게 제사를 지낼 때 사용하는 제사 용품에 이르기까지 상세하게 묘
사되어 있다. 여섯 번째 「호르다 아베스타(Khordah Avesta)」는 '소(小) 아
베스타'라고 불리는데, 짧은 기도문으로 구성되어 있다. 『아베스타』의
요약본이라 할만하다. 특히 다섯 가지 '본원(本原) 물질'이라 불리는 해
와 달, 빛, 불, 물의 신에 대한 오래된 기도문이 들어 있고, 일 년에 두
번 지내는 제사의 기도문, 열두 달의 신들에 대한 기도문 등이 들어있
다. 『아베스타』는 종교의 경전이지만 그 안에는 풍부한 신화자료들이
들어 있다.

  마찬가지로, 처음부터 끝까지 어둠의 세력과 빛의 세력의 전쟁 이야
기를 담고 있는 윈난성 나시족의 서사시 『흑백지전』은 나시족의 종교
인 둥바교의 경전 속에 들어있다. 특히 오염된 부정한 것들을 씻어내는
'또크'('재앙을 없앤다'는 의미) 제의에서 음송되는 이 경전은 도입부에서부
터 흑과 백의 명확한 대립 구도를 보여준다. 아득하게 펼쳐진 큰 호수
한 가운데에 하늘까지 닿을 만큼 높은 산이 솟아있고, 그 산의 꼭대
기에 하늘까지 솟아오른 큰 나무가 자란다. 그 나무를 사이에 두고
흑과 백의 세력 사이에 다툼이 일어난다. 혹은 그 거대한 산을 경계
로 흑족과 백족이 거주하는데, 흑족의 땅은 모든 것이 검고 어둡다.
반면 백족의 땅은 밝고 환하다. 눈부시고 찬란한 해와 달을 얻기 위
한 투쟁에서부터 흑족과 백족 사이에 전쟁이 일어나고, 흑족과 백족

의 우두머리인 므르스즈와 므르두즈는 그 전쟁에서 각각 가장 아끼는 아들을 잃는다. 그리고 마침내 최후의 결전이 벌어지고, 하늘에서 내려온 승리신들의 도움을 받은 빛의 신 므르두즈가 최후의 승리를 거둔다. 므르두즈는 어둠의 신 므르스즈의 심장을 꺼내어 어둠의 세력을 철저하게 파괴한다. 이렇게 하여 세상에는 많은 것들이 오염되고, 그 오염된 더럽고 사악한 기운들을 씻어내기 위해 둥바들은 연기를 피워 올려 더러운 기운을 없애는 제사를 올리며 경전을 읊는 것이다. 아후라 마즈다와 아흐리만으로 대표되는『아베스타』의 전쟁이『흑백지전』에서는 빛의 신 므르두즈와 어둠의 신 므르스즈의 대립으로 나타난다.

흥미로운 점은『흑백지전』의 경우, 둥바교의 경전에만 등장할 뿐 민간전승은 보이지 않는다는 것이다.『창세기』가 문헌전승과 민간전승이 모두 있는 것에 비해『흑백지전』은 문헌전승에만 보이는 것이다. 이런 점에서 볼 때 이 서사시가 사제들이 경전을 편찬할 때 새롭게 집어넣은 것이 아닐까 하는 점을 추측해볼 수 있고, 그것은 바로 이 서사시가 티베트의 뵌교, 그리고 뵌교에 영향을 끼친 페르시아의 조로아스터교와 연관성을 가질 수 있다는 점을 시사한다.

5.『아베스타』와『흑백지전』의 내용 비교

조로아스터교의 이동과 더불어 그 경전 속의 신화, 그것과 관련된 습속도 역시 같이 이동했으며, 앞에서 소개한 것처럼 그 흔적들을 지금도 여기저기서 찾아볼 수 있다. 신장위구르 지역과 티베트는 그

중요한 길목에 있었으며, 장안으로 들어오는 길목이었던 간쑤성의
하황 지역에서 남쪽으로 이어지는 민족 이주의 노선 역시 그 신화와
습속이 들어간 주요 경로였을 것이다. 물론 인도에서 티베트를 거쳐
윈난으로 이어지는 길 역시 중요한 또 하나의 경로였을 것으로 추측
된다. 윈난 지역에서 발견되는 어둠과 빛의 대립 구도를 보여주는
서사시들이 그것을 증명해주고 있는데, 대표적인 것이 바로 나시족
의 『흑백지전(黑白之戰)』52)이다. 『흑백지전』은 나시어로 '두애스애'
즉 '흑과 백의 대립'이라는 뜻인데, 어둠과 빛의 전쟁 결과 생겨난 수
많은 더러움 혹은 재앙을 씻어내는 제의53)에서 구송되는 경전이다.
『흑백지전』의 내용을 『아베스타』와 비교해보면 대략 다음과 같은
유사성이 발견된다.

5.1. 창세신화의 도입부

1) '진(眞)'과 '가(假),' '실(實)'과 '허(虛)'의 개념

나시족을 대표하는 세 편의 서사시54) 중에서 창세서사시인 『창세

---

52) 여기서 분석의 대상으로 삼은 판본은 『黑白之戰』(楊世光 整理, 雲南人民出版社,
    2009)이다. 이 책은 필자가 현재 우리말로 번역을 마친 상태이다. 이 판본을 중심
    으로 하여 『納西東巴古籍譯注全集·第25卷』「禳垛鬼儀式·董述戰爭」(雲南人民出版社,
    1999)과 1989년에 출판된 『納西東巴古籍譯注』(3)(雲南人民出版社, 1989)에 실린 둥
    바경 원본도 비교 대상으로 삼았다. 이 판본들은 和士成 東巴가 해독한 것을 和力
    民 東巴가 漢語로 주를 달고 번역했다.
53) 이러한 제의를 나시어로 '또크', 한어로 번역하면 '除穢'라고 한다. '두애스애(黑白
    之戰)'는 '除穢經'에 속한다.
54) 『창세기(創世紀, 초버트)』, 『흑백지전(黑白之戰, 두애스애)』, 『루반루라오』를 나시
    족의 3대 서사시라고 일컫는다. 모두가 제사를 지낼 때 사용하던 둥바경의 경전
    속에 들어있는 내용들인데, 서사 구조가 두드러지는 이 작품들을 나시족 학자와

기』(나시어로는 '초버트'라고 한다)55)의 시작 부분에 등장하는 '진(眞)'과 '실(實)', '허(虛)'와 '가(假)'라는 개념이 등장한다. 중국 남부지역 다른 민족의 창세서사시와 달리 이러한 추상적 개념들이 나타나는 것이 독특하다.

> "만물에는 '진실'과 '거짓'이 있었고,
> 만물에는 '실체'와 '허상'이 있었다네.
>
> '진실'과 '실체'가 합쳐지면서
> 빛나는 해가 생겨났지.
> '거짓'과 '허상'이 합쳐지면서
> 차가운 달이 생겨났지."(『창세기』)

나시족의 『창세기』에서는 '진실'에서 빛나는 해가 나오고, 햇빛에서 여러 단계를 거쳐 마침내 '이그오꺼'라는 선신이 탄생한다. '거짓'에서 차가운 달이 나오고, 달빛이 변화하여 검은 보석이 되고, 역시 몇 단계의 과정을 거쳐 마침내 '이그띠나'라는 악신이 탄생한다. 선과 악의 탄생을 '진실'과 '거짓'이라는 개념과 연관 짓고 있는 것이다. 그런데 나시족 창세서사시에 등장하는 '진실'과 '거짓'이라는 이 개념이 『아베스타』의 도입부에 똑같이 등장하며, '진실'과 '거짓'은 나시족 신화에서와 마

작가들이 뽑아내어 문학적 표현을 약간 가미해서 나시족을 대표하는 '서사시'로 재탄생시켰다. 그것이 바로 雲南人民出版社에서 출판된 일련의 작품들이다.

55) 『초버트』는 '인류 이주의 과정'이라는 의미를 담고 있는 나시족의 창세서사시이다. 한어로 음사하여 『충판투(崇盤圖)』 혹은 의역하여 『창세기』라고 번역한다. 역시 『納西東巴古籍譯注全集』 第26卷(雲南人民出版社, 1999)에 수록된 경전(「禳垛鬼儀式 · 人類起源和徙遷的來歷」)을 기본 자료로 삼았다.

찬가지로 빛과 어둠, 선악 개념과 연결된다.

세상의 말일이 다가올 때, 진실하고 선량한 자들은 천국에서 아후
라의 은덕과 빛을 누릴 수 있고, 거짓되고 사악한 자들은 아흐리만의
어둠의 지옥으로 떨어질 것이라네.(제1권「가타」, 「야스나」 30:4)

원시의 양대(兩大) 본원(本源) 중 하나인 스판드 마뉴는 눈부시게
찬란해, 비할 바 없이 위대하네. 한없이 넓은 하늘은 그의 몸에 걸친
찬란한 옷과 같지. 그는 기쁘게 정교(正敎)에 귀의해 빼어난 품행으
로 마즈다 아후라의 사람들과 함께 진실하고 선량함을 선택하네. 거
짓으로 속이는 아흐리만은 사악함과 거짓을 선택하네.(제1권「가타」,
「야스나」 30:5)

또한『흑백지전』에 등장하는 빛의 신 므르두즈(米利東主)[56]와 어둠의
신 므르스즈(米利述主)의 대립은 '위대하고 영원한 지혜의 천신' 아후라
마즈다(Ahura Mazda, Spand-Mainyu)와 '마음이 음험한 자' 아흐리만
(Ahriman, Angra Mainyu)의 대립 구도를 그대로 재현한다.『아베스타』에
서 아후라 마즈다는 빛을, 아흐리만은 어둠의 세계를 대표한다.

2) 어둠과 빛을 대표하는 신들의 혈연관계와 대립구도
『아베스타』에 등장하는 빛의 신 아후라 마즈다와 어둠의 신 아흐리
만이 쌍둥이이듯,[57]『흑백지전』에 등장하는 므르스즈와 므르두즈 역시

---

[56]『흑백지전』에 한어로 표기된 나시족 신들의 이름은 국제음표로 표기된 나시어를
기준으로 필자가 다시 썼음을 밝혀둔다. 예를 들어 '므르두즈'는 한어로 '米利東
主'라고 쓰고 있어서 우리말 발음으로 표기하면 '미리둥주'가 되지만, 신들의 고
유한 이름을 그대로 표현하기 위해 나시어 원음을 우리말로 표기했다.
[57] "최초의 양대(兩大) 본원(本原)은 쌍둥이로 병존했네. 하지만 사상과 언어, 행동에

형제이다. 빛과 어둠, 선과 악의 '양대 본원'인 그들의 모습58)은 빛의
신 므르두즈와 어둠의 신 므르스즈의 모습에 그대로 재현된다.59) 조로
아스터교의 아후라 마즈다라는 신의 이름에 대해서는 여러 가지 해석이
있는데, 대부분의 경우 '아후라'는 '신주(神主)', '마즈다'는 '지혜'라는 의
미를 담고 있다고 여겨진다. 즉 아후라 마즈다는 기본적으로 '위대하고
영원한 지혜의 천신'60)이다. 그리고 『아베스타』의 내용에 근거하면 그
는 빛의 신이며 최고신이고, 천지와 우주의 창조자이다.61)

 9세기 무렵에 성립된 조로아스터교의 팔레비(Pahlavi)어 경전 『분다
히슨(Bundahishn)』('창세기'라는 뜻)62)에는 창세의 자세한 과정이 나와 있
는데, 세상은 일곱 단계로 만들어진다. 먼저 하늘을 만들고 그 다음에
물, 땅, 식물, 동물, 그리고 신의 형태로 사람을 만든다.63) 그리고 마지

 모두 선악의 구분이 있지. 선한 생각을 하는 자는 진실하고 성실한 본원을 선택
 하고, 사악한 생각을 하는 자는 거짓과 위선의 본원을 선택하지."(「가타」 30:3)
58) "두 개의 양대 본원이 만날 때, 위대하고 장엄한 생명의 궁전이 선(善)에서 생겨
 나고, 어두운 죽음의 동굴이 악(惡)에서 생겨나네. 세계의 종말이 도래할 때, 진실
 하고 선량한 자는 천국에서 아후라의 은혜와 빛을 누릴 수 있을 것이며, 거짓되
 고 사악한 마음을 가진 자는 아흐리만의 어둠의 지옥으로 떨어지리라."(「가타」
 30:5)
59) "하얀 구름에서 하얀 이슬 빚어냈고, 하얀 이슬이 엉겨 하얀 알이 되었네. 하얀
 알이 부화하여, 다섯 신이 생겨났지. 둥주가 세상에 나왔네, 수주가 세상에 나왔
 지."(『黑白之戰』)
60) 元文祺, 앞의 책, p.414. 아후라 마즈다의 또 다른 호칭인 '스판드 마뉴(Spand
 Mainyu)' 혹은 '스판낙 메늑(Spannak Menok)' 역시 '신성한 지혜'라는 뜻을 담고
 있다. 그에 비해 '아흐리만(Ahriman)'은 '마음이 음험한 자', 그리고 아흐리만의
 또 다른 이름인 '앙그라 마뉴(Angra-Mainyu)'는 '사악한 교사자(教唆者)'라는 의
 미를 담고 있다.
61) "아, 마즈다여! 저는 믿습니다. 당신과 순결과 스판드 마뉴가 이 모든 것의 창조
 자임을!"(「야스나」 44:7)
62) 『분다히슨』은 9세기 무렵에 성립된, 아베스타의 역주본으로 여겨진다. 원래 3만
 자였다고 하는데 지금은 1만 3천자만 남아있다(元文琪, 『二元神論-古波斯宗教神話研
 究』, pp.47~48).

막에 불을 만든다. 아후라 마즈다는 위대한 만물의 창조자로 등장한다. 『아베스타』의 처음과 끝을 관통하는 것도 빛에 대한 찬송이다. 얼핏 보면 그래서 이 경전은 일신론적인 내용을 담고 있는 것으로 보인다. 하지만 경전 속에서 아후라 마즈다는 홀로 위대함을 보존하며 고고하게 서있는 존재가 아니다. 그에게는 쌍둥이가 있다. 그리고 그가 세상의 사악함을 대표한다. 그런 면에서 보면 『아베스타』는 기본적으로 이원론적인 생각을 담고 있다.

조로아스터교에서 선과 악, 빛과 어둠은 영원히 대립하는 이원적 존재이다. 선과 악은 서로 화합하거나 섞이지 않는다. 선이 궁극적으로 승리한다고 해도 악이 사라지는 것은 아니다. 선의 세계에 악의 세력이 영향을 미치거나 침범하지 못한다는 것일 뿐, 악이 영원히 사라지는 것은 결코 아니다. 즉, 변증법적 관계가 아니라는 것이다. 선과 악은 언제까지나 늘 그렇게 '양대(兩大) 본원(本源)'으로 존재한다.[64] 말하자면 "우주는 '둘'에서 시작하고, '둘'로 돌아간다."[65] 태극처럼, '음' 속에 '양'이 있고 '양' 속에 '음'이 있는 그런 형태, 대립관계이지만 조화를 이루며 통일로 나아가는 그런 형태가 아니라, 철저하게 둘로 갈라진 채 영원히 대립하며 존재하는, 그야말로 '완전한 이원론'에 바탕한 것이 조로아스터교의 이원론적 관념이다. 바로 이런 관념 하에서 선과 악의 대립, 선

---

63) 『The Bundahishn("Creation")』 1:28. (『분다히슨』 원문은 http://www.avesta.org/ avesta.html 참조)

64) "양대 본원이 교차될 때, 장엄한 생명의 보전이 선에서 생겨나고, 어두운 사망의 동굴이 악에서 생겨나네."(「가타」, 「야스나」 30:4) "거짓된 자와 진실한 자, 어리석은 자와 지혜로운 자 모두가 마음으로 외치네, 양대 본원은 각각 사람들이 자신의 종교로 귀의하라고 부르네."(「가타」, 「야스나」 31:12) 등이 그러한 관념을 보여준다.

65) 邱紫華・李寧, 앞의 논문, p.28.

과 악의 전쟁 서사가 등장하게 되는 것이다. 비록 마지막에 선의 세력이 승리하여 악의 세력을 철저하게 궤멸시키고 새로운 세계가 등장하긴 하지만, 그렇다고 해서 악의 세력이 완전히 소멸되는 것은 아니다. 나시족의 『흑백지전』이나 만주족의 『워처쿠우라분』에서도 어둠의 세력이 빛의 세력에 패배하긴 하지만, 어둠의 세력이 '완전히 사라졌다'고 묘사하고 있지는 않다. 특히 『워처쿠우라분』에서는 어둠의 신 예루리가 빛의 신 아부카허허의 힘이 약해질 때 언제나 돌아올 수 있다는 것을 보여주고 있다. 세상은 언제나 그렇게 '이원대립'의 세계로 존재한다는 것이다.

3) 창세의 동력-물과 불의 만남, 인체 내부의 잠재적 힘

『아베스타』에 등장하는 신들은 대체적으로 보아 아다르(Adhar)나 메흐르(Mehr)처럼 불의 속성을 지닌 신과 티르(Tir, Tishtar)나 아반(Aban, Anahita)처럼 물의 속성을 지닌 신으로 대별된다.66) 이것은 물과 불의 결합에서 세상이 시작된다는 오래된 개념과 관련이 있다. 위안원치(元文琪)는 불의 신 아다르와 광명과 서약의 신 메흐르 이외에도 메흐르의 조력자인 소로쉬(Soroush), 파르(Farr, 靈光), 승리의 신 바흐람(Bahram) 등을 모두 불의 신 계열로 분류하고, 별의 신이자 비의 신인 티르와 강물의 여신 아반을 비롯해 천신 호르다드(Khordad), 토지신 잠야드(Zamyad) 등을 모두 물의 신 계열로 분류한다.67)

한편 『아베스타』에는 이밖에도 인체 내부의 다섯 가지 잠재력(양지(良知)의 신 '덴(Deyn)'과 영체(靈體)의 신 '파르바르딘(Farvardin)'을 포함)을 의미하

---

66) 이들 신에 관한 내용은 『아베스타』의 제3권 「야쉬트」에 보인다.
67) 元文琪, 「阿維斯塔導讀」, 『阿維斯塔』, pp.445~448.

는 신이 등장하는데, 그 다섯 가지는 각각 '양지'와 '영체', '활력(活力)', '오성(悟性)', '영혼(靈魂)'을 가리킨다. 이 다섯 가지는 인체의 내부에 존재하는 것으로, 아후라 마즈다가 창조한 것이다. 여기서 인간의 선과 악을 판단하게 하는 힘이며 사람을 선으로 나아가게 하는 중요한 힘이 바로 '양지'이다. 선량한 양지(덴)는 사람이 죽은 후에 친바트(Chinvat) 다리에서 미인의 모습으로 등장하는데, 망자를 인도하여 친바트 다리를 건너 세 개의 관문(선한 생각, 선한 말, 선한 행동)을 지나 천국(가르자만, Garzaman)으로 가게 한다. 악한 자의 양지는 추한 노파의 모습으로 나타나, 망자를 인도해 역시 세 개의 관문을 지나 지옥으로 가게 한다. 영체는 아후라마즈다가 만든 빛의 천국에 존재하는 것으로, 지상으로 내려와 인간이 태어나서 죽을 때까지 보호한다.

티베트의 『쥐푸(mdzod phug)』나 나시족의 『흑백지전』에도 '다섯 가지 본원 물질'이 등장하며, 물과 불의 결합에서 바람이 생겨나면서 세상 만물이 비롯되는 대목들이 비슷하게 등장한다. '물에서 생겨난 불'이 바로 생명의 근원임을 보여주고 있는 것이다. 특히 텐진 남닥(Tenzin Namdak, 丹增南喀)이 인도에서 출판(1966)한 『조푸(mdzod-phug, 卓浦)』에 기록된 티베트의 창세신화를 보면, 불교적 요소가 들어있으나 오래된 뵌교의 전통을 간직하고 있음을 알 수 있다.

"아주 오래 전, 난카둥단췌쑹(南喀東丹却松) 왕이 다섯 가지의 본원(本原)물질을 갖고 있었다. 츠제취바(赤杰曲巴) 법사(法師)가 그에게서 그것을 가져온 뒤 자신의 몸속에 넣었다. 그런 후에 '하!'라고 가볍게 소리를 내니 바람이 생겨났다. 바람이 빛의 바퀴처럼 날아가면서 불이 생겨났고, 바람이 불자 불은 더욱 맹렬하게 타올랐다. 뜨거운 불과 차가운 바람이 만나면서 이슬이 생겨나고, 이슬에서 작은 입자들(微粒)이 생겨났다. 이 작은 입자들이 바람에 날려 하늘에서 날아다니다가 쌓여서 산이 되었다. 세상은 이렇게 츠제취바 법사가 창조해낸 것이다. 다섯 가지 본원 물질에서 빛의 알과 검은 알[68]이 생겨났다…"[69]

여기 등장하는 '다섯 가지 본원물질'이라는 것은 『아베스타』에 서술된, 인체 내부에 있는 다섯 가지 잠재적 힘과 같다. 티베트 뵌교의 역사를 서술한 「각자옹둥뵌교원류(覺者雍仲本敎源流)・백광장엄(白光莊嚴)」에도 태초의 세상에 대해 묘사하면서 바람과 물, 불 등 오행이 생겨나면서 그 정화에서 검은색과 하얀 색 두 가지 빛의 알이 생겨난다고 말하고 있다. 하얀 알에 빛이 비추자 알이 부화하여 빛의 왕 쌍보펑츠가 탄생하고, 오행의 바다에서 취장제무가 탄생, 둘이 결합하여 아홉 딸과 아홉 아들을 낳고 그 후손 242명이 탄생했다고 한다. 검은 알에서는 검은 먼지와 검은 빛이 나오고, 거기서 나온 남녀가 역시 결합하여 16명의 자식을 낳으며, 그들이 656명의 후손을 낳는다고 하고 있다.[70] 여기서도 흑과 백의 세계를 탄생시키는 최초의 근원이 역시 다섯 가지 본원

---

68) 세상의 시작에 아득한 물이 있고, 그 물에서 불이 생겨나 불의 열기로 물에서 알이 생겨났고, 오랜 세월이 흐른 뒤에 그 알에서 브라흐마가 탄생하였으며, 알의 껍질 절반이 하늘이 되고 절반이 땅이 되었다는 인도 신화도 있다. 물과 불의 결합으로 생명체가 탄생한다는 것은 인도와 이란 지역 신화의 공통된 모티프인 듯하다. 물론 이 모티프가 티베트와 나시족에게도 공통적으로 등장하고 있다.

69) 단찡난카(丹增南喀)가 인도에서 출판(1966)한 『쥐푸(卓浦)』에 기록되어 있는 내용을 상무단 걸메이(桑木丹.G, 葛爾梅)가 소개한 것이다(桑木丹.G.葛爾梅 著, 向紅笳 譯, 「뵌교의 역사와 교의 개술(槪述苯敎的歷史及敎義)」, 『國外藏學硏究譯文集』 第11輯, 西藏人民出版社, 1994). 謝繼勝 역시 이 신화를 소개하면서 뵌교 신화가 외래 종교, 즉 마즈다교의 영향을 받았을 것이라고 말했다(「藏族本敎神話探索」, 『民族文學硏究』 第4期, 1988, p.11).

70) 德慶多吉 譯, 『西藏本敎經文集』, 西藏人民出版社, 2008, p.2.

물질이다. 티베트의 창세신화와 비슷한 내용을 담고 있는 나시족의 창
세서사시 『흑백지전(黑白之戰)(두애스애)』71)과 『창세기(創世紀)(초버트)』에
도 티베트 뵌교의 요소들이 많이 들어가 있다. 최초의 세상에 소리가
있고, 바람과 물이 등장하는 것 역시 그러하다.

4) 어둠과 빛을 대표하는 신들의 수하에 등장하는 여섯 신

『아베스타』에 아후라 마즈다의 여섯 천신들(통칭하여 '암샤스판단(Amsha-
spandan, '영생불사의 성자' 즉 '천신'이라는 뜻)이라 한다)이 등장하는 것과 『
흑백지전』에 빛의 천신 므르두즈의 수하에 여섯 신이 등장하는 것이
같다. 『분다히슌(Bundahishn)』에는 아흐리만 수하에도 여섯 명의 '중요
한 악령(the arch-fiends)'들이 등장한다. 그들의 이름은 각각 아코만
(Akoman), 안다르(Andar), 사바르(Savar), 나이키야스(Naikiyas), 타프레
브(Taprev), 자이리히(Zairich)이다. 그들은 인간의 품성을 악한 곳으로
이끌고 식물에 독을 섞거나 독을 만드는 악행을 행한다(28:7~28:12).

『아베스타』의 「가타」에 등장하는 아후라 마즈다의 여섯 천신들은
아후라 마즈다의 여섯 가지 훌륭한 품성을 대표하는 중요한 신들이
다. 여섯 천신은 각각 지혜(선량함)의 신 바흐만(Bahman), 불(정결함)
의 수호신 오르디베헤쉬트(Ordibehesht), 금속(위엄)의 신 샤흐리바르
(Shahrivar), 땅(자애로움)의 여신 세판다르마드(Sepandarmadh), 물(장
수)의 신 호르다드(Khordad), 식물(영원함)의 신 아모르다드(Amordad)
이다. 세 명은 남성신, 세 명은 여성 신이다. 이들이 아흐리만
(Ahriman), 즉 데비(Devy) 신들과 투쟁하는 것이다. 이것은 『흑백지

71) 김선자, 「나시족 창세서사시 『흑백지전(黑白之戰)』에 나타난 흑과 백의 문화적 맥
    락에 관한 연구」(『중국어문학논집』 제83집, 2013. 12.) 참조.

전』의 빛의 신 므르두즈의 수하에 여섯 신(퍼, 새, 가, 우, 오, 혜),72)
어둠의 신 므르스즈 수하에 여섯 신(데이, 라, 두, 쩨, 으, 메)이 등장하
는 것과 같은 구도를 지닌다. 하지만 므르두즈 수하의 이 여섯 신들
을 '존귀한 신'이라고 표현하고 있긴 하지만 그들이 므르두즈의 여섯
가지 속성을 대표한다는 내용은 보이지 않는다. 므르스즈의 경우 역
시 마찬가지이다.

5.2. 어둠과 빛의 세력의 대립과 투쟁

1) '성스러운 빛(파르, Farr)'을 두고 다투는 어둠과 빛의 세력

『아베스타』의 중요한 부분인 제3권 「야쉬트」의 제19편 「잠야드 야쉬
트(Zamyad Yasht)」에는 특히 '성스러운 빛(靈光, Farr)'에 대한 중시가 두
드러지게 드러난다. "우리는 마즈다가 창조한 카얀 성스러운 빛73)을 찬
미하네, 비범하고 존경할만한 성스러운 빛, 성스럽고 정결하며 만능의,
민첩하고 빠른 빛, 그것은 모든 창조물의 맨 위에 있네."(1:9) "성스러
운 빛에 의해 그들은 세상을 새롭게 세우네, 영원히 사라지지 않고 영
원히 부패하지 않고, 영구불멸의, 늘 청춘과 번영으로 가득한 세상
을!"(1:11) "우리는 조르(음료) 공물과 우유를 섞은 호움과 바르삼 가지

---

72) 산문본 「둥과 수의 전쟁(東埃術埃)」에서는 싸잉웨이딩(薩英威登), 잉구워거(英古窩
格), 헝딩워판(恒頂窩盤) 등 세 명의 존귀한 신(尊神)과 좌스헝딩(抓什恒頂), 잉쥐헝
딩(英什恒頂), 밍쥐헝딩(明居恒頂) 등 모두 여섯 명의 신을 청해 전쟁에 대해 의논
하는 것으로 나온다(和志武 譯, p.13).

73) '파르'는 '성스러운 빛(靈光)'으로, 아후라 마즈다의 신적인 힘을 상징한다. 그것
은 여러 가지 형태로 변화하는데, 성스러운 빛을 소유한 자는 무소불위의 능력을
갖게 된다. 여기 나오는 '카얀(Kayani) 성스러운 빛'이라는 것은 이란 카얀 왕조
의 왕들이 소유했던 빛을 가리킨다(元文琪의 설명, 『아베스타』, p.264).

와 지혜로운 언어, 하늘의 계시로, 또한 선량한 언어와 행동으로, 마즈
다가 창조한 강대한 카얀 성스러운 빛을 칭송하네!"(1:13) 등이 그러한
것을 보여준다.

『아베스타』「잠야드 야쉬트」에는 또한 아후라 마즈다와 아흐리만이
각각 자신들 수하의 신들을 보내어 '성스러운 빛'을 빼앗게 하는 대목이
나온다.(7:46)

> "아후라 마즈다의 아다르가 용감하게 앞으로 나서며 외친다.
> '얻기 어려운 저 성스러운 빛을 내가 가져오리라!'
> 무시무시하고 독하며 공포를 느끼게 하는, 입이 세 개나 달린 아즈
> 다하크가 뒤에서 바짝 쫓아오며 욕을 퍼붓는다.
> '오, 아후라 마즈다의 아다르여! 꺼져라! 얻기 어려운 저 성스러운
> 빛에 네가 손가락 하나라도 댄다면, 내가 네 목숨을 거두리라! 네가
> 다시는 아후라 마즈다의 대지를 비추지 못하게 하리라!'
> 진실한 세계를 지키기 위하여, 눈앞에 닥친 위기 앞에서, 아다르는
> 돌아설 수밖에 없었다.
> 실제로, 아즈다하크는 너무 두려웠기 때문이다."(7:47-48)

그러나 이어서 아다르는 다시 아즈다하크를 쫓아오면서 외친다.

> "'아즈다하크여! 어서 돌아가거라! 얻기 어려운 성스러운 빛에 네
> 가 손가락 하나라도 댄다면, 내가 불로 너의 혀를 태워버리리라! 더
> 이상 네가 진실한 세상을 파괴하거나, 아후라 마즈다의 세상에서 나
> 쁜 짓을 하지 못하게 하리라!'
> 아즈다하크는 눈앞에 닥친 위기에서 슬그머니 물러날 수밖에 없
> 었다.
> 실제로, 아다르는 너무나 위풍당당하여 상대방을 떨게 만들었기

때문이다"(7:49-50).

아후라 마즈다 수하의 불의 신 아다르가 아흐리만 수하의 신 아크만 (Akuman), '입과 머리가 각각 세 개씩이며 여섯 개의 눈을 가진' 아즈다 하크(Azhdahak)와 빛을 두고 서로 뺏고 빼앗기는 장면(「잠야드 아쉬트」, 19:46-50)은『흑백지전』에서 해와 달의 빛을 두고 다투는 므르스즈의 수 족과 므르두즈의 두족을 생각나게 한다.

『분다히슨』에 등장하는 아후라 마즈다와 아흐리만의 9천 년에 걸친 전쟁은 두족과 스족의 긴 전쟁과 흡사하다. 특히 오르마즈드(Ohrmazd, 아후라 마즈다)가 오직 영혼만이 존재하는 빛의 천국을 만든 지 3천 년이 지났을 때, 아흐리만이 외출하여 노닐다가 찬란한 빛의 세계를 발견하 고 아후라마즈다에게 도전하는데, 이 장면도 빛의 세계를 탐낸 므르스 즈가 므르두즈의 해와 달을 훔쳐오려고 하는 대목과 맞물린다. 이후 호 르마즈드는 시간을 벌기 위해 9천 년간의 전쟁으로 자웅을 가리기로 한 다. 처음 3천 년간 아흐리만도 조심스럽게 동굴 속에서 칩거한다. 오르 마즈드는 '영원한 빛'으로 활활 타오르는 불을 만들고, 이어서 대기와 물, 흙을 만든다. 이후 오르마즈드는 하늘을 비롯한 세상의 모든 것을 만들어낸다. 그 세상은 온통 빛으로 가득한 환한 세상이다. 이후 어둠 의 신 아흐리만이 '음탕한 여성요괴(女妖)'74)의 도움으로 힘이 강해져 기

---

74) 위안원치의 번역본에서는 이렇게 옮기고 있다.『히브리 페르시아 신화전설』에서 는 이 여신을 '자히(Jahi)'라고 한다. 잠든 아흐리만을 '아버지'라고 부르면서 깨 운다. 자신이 빛을 훔쳐왔고 대지를 유린했으며 초목을 메마르게 하고 사람과 소 를 배고프게 만들었다면서, 이런 기회를 잡아야지 어찌 잠만 자고 있느냐고 아흐 리만을 깨우는 것으로 서술하고 있다(唐孟生 主編,『東方神話傳說·第1卷 希伯來. 波斯伊朗神話傳說』, pp.259~260, 北京大學出版社, 1999).『분다히슨』에서는 그 여 신을 '사악한 제흐(the wicked Jeh)'라고 한다. 제흐는 3천 년 혼돈의 시기에 아흐

세등등하게 나타나 하늘 세상을 어둠의 세계로 만든다. 90일간의 격렬
한 전투를 거쳐(3:26) 아흐리만이 동굴 속으로 숨어들었지만 세상에는
'선'을 해치는 많은 것들이 남아있었다. 이렇게 어둠의 3천 년이 지나고,
마침내 최후의 3천 년이 다가오면서 오르마즈드가 빛과 선을 따르는 백
성들과 함께 악의 세력과 싸워 아흐리만의 악마들을 물리치고 광명과
순결한 세상을 지킨다.[75] 명백한 이원대립 구조를 보여주는 이 작품에
서는 특히 '성스러운 빛'을 두고 다투는 대목이 두드러진다.

　고대 페르시아의 아리안에게 있어서 불과 빛은 네 가지 특성을 지닌
다. 그리고 그러한 불과 빛의 속성은 인간의 품성과도 연관된다. 첫째,
어둠을 밝혀주는 빛의 특성은 인간의 두뇌가 외부 사물과 사건을 명징
하게 인식한다는 것을 의미한다(지혜와 판별력). 둘째, 온기를 가져다주
는 빛의 특성은 감정을 격발시켜 생명의 상징이 된다. 셋째, 불과 빛은
매우 빠르게 확산한다. 그것은 정서적 감염력을 의미한다. 넷째, 불과
빛은 끊임없이 위로 올라간다. 그것은 왕권이나 지고무상의 신성한 권
력을 의미한다.[76] 말하자면 불과 빛이 하나의 원형적 이미지가 되어 인
간의 정신적 특징을 상징하게 된다는 것이다. 『아베스타』에 등장하는
'성스러운 빛' 파르는 군주의 권위를 상징하거나 생명을 창조하는 왕성
한 힘을 의미하기도 하는 등 매우 포괄적인 뜻을 담고 있지만[77] 궁극
적 형태는 결국 '빛'이다.

리만에게 깨어나라고 외친다(3:1~3:3). 그리고 마침내 깨어난 아흐리만은 세상에
상처를 입히고, 한낮도 한밤중처럼 어두워지게 만든다(3:14).
75) 『분다히슨』의 이 내용은 元文琪, 『二元神論-古波斯宗敎神話硏究』(pp.227~229)에서
인용했다. 원문은 앞에서 소개한 웹사이트에 실려 있다. 오르마즈드의 최후의 승
리에 관한 장면은 6:4에 보인다.
76) 邱紫華·李寧, 앞의 논문, p.30.
77) 元文琪가 이것에 대해 자세하게 논한 바 있다. 『아베스타(阿維斯塔)』, pp.477~486.

2) 빛과 서약의 신 메흐르(미트라)

메흐르(미트라)는 수레를 타고 좌우에 공정의 신과 지식의 신을 거느린 위대한 빛의 신이다. 하얀 말을 타고 전차를 몰고 등장하는 그의 앞에는 전쟁과 승리의 신 바흐람이 있다. 그 모습은 나시족의 빛의 신이자 전쟁의 신 '쌔도(한어로는 '쌴둬(三多)' 혹은 '쌴둬(三朶)'라고 표기한다)'[78]와 같다.

「야쉬트」 제10편은 「메흐르 야쉬트(Mehr Yasht)」인데, 여기에는 빛의 신 메흐르에 관한 신화가 등장한다. 도입부에 보면 아후라 마즈다가 조로아스터에게 "천지개벽 때 내가 광야를 달리는 메흐르를 창조했다. 그는 나와 같으니, 마땅히 찬미와 숭배를 받아야 한다"(1:1)는 대목이 보인다. 아리안의 국가에 승리와 행복을 가져다주는 메흐르는 '천 개의 귀와 만 개의 눈'을 갖고 있으며(2:7) 바람의 신 바드(Bad)가 그의 조력자이다. '영원하고 빠른 준마의 태양이 떠오르기 전, 하라산 정상의 첫 번째 신이 바로 그이다. 그는 수많은 빛, 하라산에서 나와 아리안의 국가를 굽어본다."(4:13) 그는 현명한 통치자이며 라슨(Rashn)과 소로쉬(Soroush)가 그의 조력신이다(9:35). 위대한 신이 분노하면 말에 채찍질을 하여 양쪽 군대가 교전하는 앞으로 나아가 적군을 응징하여 적들을 훼멸시킨다(11:47). "아후라 마즈다가 빛이 찬란한 높은 산 위에 무수한 금빛 광선으로 그를 위해 휴식처를 만드네. 그곳은 밤도 어둠도 없고, 차갑거나 뜨거운 바람도 없으며, 치명적 질병도, 요마가 가져온 더러움도 없다네."(12:50) "숭고하고 선량한 아르트가 메흐르의 수레를 모네. 마즈다

---

78) '쌔도'의 내력에 대해서는 일찍이 조셉 로크(1884~1962)가 상세하게 논한 바 있다. 그는 '쌔도'가 나시족이 북쪽에서부터 이주해 내려올 때 함께 모셔온 신이라고 말했다(Joseph Rock 著, 劉宗岳 等 譯, 『中國西南古納西王國』, 雲南美術出版社, 2008, pp.121~122).

가 메흐르를 위해 길을 열어주고 지혜롭고 순결하며 찬란한 천국의 빛
이 잘 비치도록 하네."(17:68) 그리고 아후라마즈다가 창조한 전쟁의 신
바흐람이 날카로운 이빨을 가진 멧돼지와 같은 힘으로 앞에서 길을 연
다. 그는 거침없이 적들을 죽이고 머리와 등뼈를 부숴버린다. 해골은
생명력의 원천이다(18:70, 71). 그러면 약속을 어긴 자들의 몸이 부서지
고, 적의 시신이 들판에 널린다(18:72). 부서진 뼈와 머리카락과 뇌수와
피에 대한 묘사가 이어진다.

　이러한 장면은 나시족의 『흑백지전』에서 어둠과 빛의 신들의 전쟁
마지막 부분에서 백족(白族)의 승리신(전쟁의 신)들이 하늘에서 내려와 흑
족(黑族)을 궤멸시키는 장면에 대한 묘사와 거의 같다. 승리신 바흐람이
적을 완전히 궤멸하고 적들의 머리를 자르는 『아베스타』의 이 장면은
백족이 흑족을 훼멸시키고 흑족의 우두머리 므르스즈의 머리를 잘라 승
리신들에게 제사를 지내는 『흑백지전』의 장면과 겹친다. 이렇게 머리
를 베어 제사를 지내는 것은 나시족의 원래 전통이 아니고 티베트 뵌교
의 영향을 받은 것이라는 주장도 있다.[79] 『흑백지전』의 그 장면을 보
면 다음과 같이 묘사되어 있다.

　　"스(므르스즈)의 성을 불태우고, 스의 땅을 훼멸시켰네.
　　스의 불을 꺼뜨리고, 스의 물길을 끊었네.
　　날카로운 검은 눈, 파버려 남겨두지 않았네.
　　날 수 있었던 검은 날개, 부러뜨려 남겨두지 않았네.
　　활을 쏘던 검은 팔, 베어버려 남겨두지 않았네.

---

79) 陳烈는 "둥바교의 많은 제사들 중에서 사람을 죽여 제사를 올리는 형태는 없다.
　　『흑백전쟁』에 기록된 인제(人祭) 의례는 뵌교의 흔적이 둥바경에 남은 것이다."(『民
　　族藝術硏究』 第6期, 1996, p.36)라고 말했다.

잘 달리던 검은 다리, 잘라버려 남겨두지 않았네.
스즈의 머리를 베어, 공적비를 새겼네.
스즈의 뼈를 꺼내어, 나팔 만들어 불었네…"

빛의 신인 메흐르가 승리신 바흐람과 함께 '식언자와 훼약자'(21:82)를 찾아내어 '철저히 훼멸'(22:97)시키는 장면이, 앞에서 인용한『흑백지전』의 마지막 부분과 같은 구도를 가진다. 메흐르, 즉 미트라는 계약과 서약의 신으로서, 조로아스터 교리를 바탕으로 한 소위 '신판(神判)'에서 판결자의 역할을 하기도 한다.

특히 순결하고 선량한 소로쉬와 크고 장대한 라슨을 각각 오른쪽과 왼쪽에 거느린 메흐르(25:100)가 눈처럼 흰 준마를 타고, 날카로운 긴 칼과 단단한 활을 들고 용감하게 싸우는(26:102) 모습은 나시족의 수호신 쌔도의 모습과 같다. 나시족의 쌔도는 하얀 돌로 현현하는데, 조상신의 성격을 지니지만 그 기본적 성격은 빛의 천신이다. 네 필의 신마를 탄(31:125) 메흐르 역시 "백성의 수호자, 백성을 행복하게 하지. 절대 잠들지 않고, 절대 피곤해하지 않아"(26:103)라고 한다. '백성의 수호자'라는 그 성격이 나시족의 수호신인 쌔도와 매우 흡사하다.[80] 쌔도 신의 내력을 추적하는데『아베스타』의 메흐르는 많은 계시를 준다.

5.3. 변형모티프

'성스러운 빛(Farr)'은 통치자 쟘쉬드가 거짓을 말하거나 좋은 말을

---

80) 쌔도 신에 대해서는 김선자, 「중국 강족(羌族) 계통 소수민족 신화에 나타난 흰 돌[白石]의 상징성-빛과 불, 그리고 천신」,(『중국어문학논집』 제91호, 2015. 4.)을 참조.

하지 않을 때 그에게서 떠나버리는데(『잠야드 야쉬트』6:34) 그때 세 차례
에 걸쳐 수매로 변신을 한다(『잠야드 야쉬트』6:35-38). 이러한 변신은 『
흑백지전』에서 므르두즈의 아들 아루와 므르스즈의 딸 꼬자나모가 여러
가지 동물의 모습으로 변신하는 모습들과 흡사하다. 특히 그들은 처음
에 하얀 매와 검은 매로 변한다.("아루는 하얀 매로 변하여, 하얀 구름가로 날아
올랐다. 나모는 검은 매가 되어, 하얀 구름 사이로 들어갔다.") 인간이 죽으면 그
영혼이 동물로 변한다는 것은 나시족의 오래 된 관념이다.[81] 『아베스타
』에는 또한 전쟁과 승리의 신 바흐람이 열 번에 걸쳐 변신하는 모습도
등장한다. 인도 『베다』의 신들 역시 변신을 하고 있어서, 신들의 '변신'
이라는 것이 인도-이란 아리안 신화의 공통된 특징인 것으로 보인다.

5.4. '승리신'의 존재

『흑백지전』에서 빛의 신이 결정적으로 승리하게 되는 계기는 천상에
서 내려온, 매의 날개가 달린 '승리신'들 덕분인데, 『아베스타』에도 날
개달린 '승리신' 혹은 '전쟁의 신' 바흐람(Bahram)[82]이 등장한다. 물론
『흑백지전』의 '여마'라는 승리신들은 다양한 얼굴 모습을 하고 있으며
그 숫자도 많다. 하지만 승리신 혹은 전쟁의 신의 존재가 결정적 승리

---

81) 楊福泉, 「納西族的靈魂觀」, 『思想戰線』 第5期, 1995, p.50.
82) 위안원치는 바흐람에 대해 이렇게 설명한 바 있다. "바흐람은 '베레스라그나
(Verethraghna)'라고도 하고, 팔라비어로는 '바흐란(Varhran)'이라고도 한다. '죽음
으로 몰아넣는 자' 혹은 '승리자'라는 의미를 갖고 있다. 조로아스터교에서 신봉
하는 가장 위대한 천신 중의 하나로, 인도인이 숭배하는 인드라와 같다. 바흐람
은 전쟁과 승리의 신으로, 매월 20일의 수호신이다. 페르시아어에서 '바흐람'은
'화성'이라는 뜻이니, 라틴어의 '마르스(Mars)'처럼 '전신(戰神)'이라는 뜻이다."(元
文祺, 『아베스타(阿維斯塔)』, p.244.)

를 가져오는 계기가 된다는 점은 같다. 「야쉬트」 제3권 제14편이 전쟁의 신 바흐람에 대해 노래한 「바흐람 야쉬트(Bahram Yasht)」인데, 바흐람은 '죽음으로 몰아넣는 자', '승리신'이라는 뜻이다. '무예가 가장 강한'(14:1) 그는 전쟁과 승리의 신이며 인도 『베다』 신화의 인드라와 같은 존재이다.

「바흐람 야쉬트」는 "신들 중에서 누구의 무예가 가장 높은가? 바흐람을 따를 자 없지."(1:1)라고 시작된다.[83] 바흐람은 조로아스터에게 이렇게 말한다.

> "힘으로 말하자면 나보다 강대한 자가 없네. 모든 승리는 나의 것이며, 영광(파르)을 논하더라도 내가 가장 빛나지. 인자함이라면 내가 그 누구에게도 뒤지지 않을 정도로 선량하며, 효율로 따지더라도 내가 늘 혁혁한 전과를 올리지. 지략을 본다고 해도 나는 그 누구보다 뛰어난 지모를 지니고 있다네."(「야쉬트」 제14편 「바흐람 야쉬트」1:3)

아후라 마즈다가 창조한 바흐람은 질풍(1:2), 황금뿔이 달린 건장한 수소(2:7)와 황금빛 귀를 가진 하얀 말(3:9), 인내심이 강한 낙타(4:11), 이빨이 날카로운 수퇘지(5:15), 잘생긴 15세 청년(6:17), 건장한 숫매(7:19), 구부러진 뿔을 가진 면양(8:23), 날카로운 뿔을 가진 영양(9:25), 마즈다가 창조한 잘생기고 위풍당당한 사나이(10:27) 등의 모습으로 열 번 변신한다. 이후 바흐람에 대한 찬양이 말이 이어지는데, 11장에는

---

83) "우리는 아후라 마즈다가 창조한 바흐람을 찬미하네. 조로아스터가 아후라 마즈다에게 이렇게 물었네. '아! 천국의 성스럽고 정결한 아후라 마즈다여! 아, 세상의 조물주시여! 뭇 천신들 중에서 누구의 무예가 가장 높습니까?' 그러자 아후라 마즈다가 대답하셨네. '스피타만 조로아스터여! 아후라 마즈다가 창조한 바흐람보다 더 무예가 높은 자는 없느니라.'"(「야쉬트」 제14편 「바흐람 야쉬트」1:1)

이런 내용도 보인다.

> "아후라가 창조하신 바흐람이 조로아스터에게 대를 이을 수 있는
> 정액과 남들보다 센 팔의 힘, 그리고 건강함과 장수를 주었네. 그리
> 고 신어(神魚) 카라의 시력을 주었네. 엄청나게 깊은 드넓은 란가하
> 강(아랑 강)에서 머리카락처럼 가느다란 물결까지도 볼 수 있는 그
> 런 시력을."(11:29)

여기 등장하는 '신어'는 파라흐 카르트 강에서 사는 신비로운 물고기
인데, 수족(水族)을 이끄는 정령이며 파라흐 카르트 강에 자라는 성스러
운 나무 '구카란'을 지킨다고 한다.[84] 그런데 나시족 『흑백지전』이나
『창세기』의 도입부를 보면 세상의 중심에 거대한 므르다지 호수가 있
고, 그 호수 한가운데에 쥐나조로 산이 높이 솟아있으며, 그 산 꼭대기
에 해이바다 나무가 자라고 있다고 한다. 『흑백지전』에서는 그곳의 호
수에 황금빛 물고기가 산다고 한다. 흑족과 백족의 전쟁이 바로 그 나
무를 둘러싼 투쟁 때문에 생기는데, 이렇게 세상의 시작에 거대한 강물
혹은 호수가 있고 성스러운 나무가 있으며, 그곳에 '신어'가 있다는 상
상 역시 두 개의 경전에 모두 나타난다. 이후, 「바흐람 야쉬트」에는 바
흐람에 대한 송가가 계속 된다. 그 중에서도 바흐람의 위세를 보여주는
다음 구절이 흥미를 끈다.

> "아후라 마즈다가 창조한 바흐람을 찬미하네. 바흐람의 성스러운
> 빛(파르)과 우월함이 소떼를 위해 이 집에 감돌기를! 빽빽한 검은 구
> 름과 시모르그(Simorgh, 神鳥)가 온 산을 뒤덮듯."(15:41)

---

84) 元文祺, 『아베스타(阿維斯塔)』, p.252.

여기 등장하는 '시모르그'를 위안원치는 '대붕신조(大鵬神鳥)'라 번역하고 있는데, 그것은 신성한 나무인 '비스포 비쉬(Vispo-Bish)'에 깃든다. 비스포 비쉬의 열매로는 온갖 병을 치료할 수 있다. 신성한 나무에 둥지를 만드는 거대한 새, 시모르그는 나시족 신화에 등장하는 '셔치(한어로는 '슈취(休曲)'라 표기한다)'와 똑같다. 티베트의 신화에도 이 새는 등장한다. 물을 다스리는 용(뱀)과 싸우면서 입에 용(뱀)을 물고 있는 매처럼 생긴 새 '셔치'는 한어로 역시 '대붕'이라 번역한다. 매처럼 생긴 신화 속의 이 맹금류는 고대 페르시아에서부터 인도, 티베트, 나시의 땅 모두에 등장하고 있다. '셔치'의 존재는 나시족의 『흑백지전』이 외래문화의 영향을 분명히 받았음을 보여주는 또 하나의 증거이다.

한편 "아후라 마즈다가 창조한 바흐람과, 거칠 것 없는 우파라타트(Uparatat)에게 경의를!"(22:64)이라는 구절 역시 마찬가지이다. 여기 등장하는 '우파라타트'는 '우월함'이라고 번역되는데, 이것은 '승리신'을 의미한다. 『아베스타』의 바흐람과 우파라타트는 『흑백지전』에 등장하는 전신(戰神)과 승리신에 대응한다. 이들이 바로 앞에서 소개한 시안 인근에서 출토된 안가묘와 사군묘에 등장하는, 성스러운 불(빛) 옆의 날개달린 인면조신의 신들인 것으로 추측하고 있다.

5.5. 더러움을 없애는 제의와 식물

1) '제예(除穢)'와 호움(하오마)

앞에서 언급한 우홍 묘를 비롯해 북조시대 석관을 보면 대부분 땅에 그대로 놓인 것이 아니라 석상(石床)을 놓고 그 위에 석곽(石槨)이나 석관(石棺)을 안치해 땅이 시신으로 인해 오염되는 것을 막고 있다. 조로아스

터교에서는 '부정(不淨)한 것을 없애는 제의'를 상당히 중요하게 여기는데,
나시족의 '제천(祭天, 나시어로는 '미부')'이나 티베트족의 제사에서도 '제예
(除穢)'는 매우 중요한 부분을 차지하고 있다. 티베트족이 하얀 상캉에 측
백나무 가지와 보리 등의 곡식을 태워 하얗게 피워 올리는 연기의 중요
목적이 '제예'에 있음은 말할 것도 없고, 나시족의 제천 행사에서 가장 먼
저 행하는 '연기 피워 올리기'가 부정하고 사악한 기운을 제거하는 목적
에서 행해지는 것도 분명하다. 무엇보다, 나시족의『흑백지전』은 나시족
의 종교 경전인 둥바경 중에서도 '제예'(나시어로 '처수')를 목적으로 한 경
전('또크')에 들어있는 서사시라는 점이 중요하다.

둥바교의『제예·흑백전쟁』은『흑백지전』의 여러 판본 중에서도 특
히 부정한 것을 없애는 제사에 중점을 둔다. 둥바경『제예·흑백전쟁』
에는 부정한 기운이 므르두즈의 땅을 덮어 므르두즈의 신들뿐 아니라
가축과 양식, 사람까지 오염시키는 대목이 나온다. 그래서 므르두즈가
점을 쳐보니 오염된 이유가 나오고, 둥바를 모셔다가 부정한 기운을 없
애는 제의를 행한다. 하얀 양털 깔개를 깔고 청보리와 쌀을 제물로 삼
고, 측백나무로 문을 만들며 신들에게 금과 은, 녹송석(綠松石, 터키석)과
검은 옥을 바치고 하얀 신단을 만들어 신들에게 제사를 지내는 것이
다.[85] 제사를 지낼 때엔 99개의 횃불을 만들어 천지간의 모든 나쁜 기
운들을 쫓아낸다.[86]

종교적 의례에 있어서 정결함을 강조하고, 부정한 기운(穢氣)을 없애
는 과정이 가장 중요하게 여겨지며, 그 부정한 기운을 없애는 식물의
존재가 등장한다는 점에서 두 지역은 매우 비슷하다. 나시족의 제의에

---

85) 張毅,『納西東巴經「黑白戰爭」字釋及研究』, 西南大學 碩士學位論文, 2007. 4, p.66.
86) 張毅, 앞의 논문, p.70.

서는 그 지역에서 가장 많이 볼 수 있는 향백나무(柏)가 쓰인다. 나시족 '제천'의 기원에 대해 밝히고 있는 『창세기』에서는 나시족의 조상 초제 르으가 천상에 가서 천신의 딸과 혼인하여 돌아오는 과정에서 생겨난 모든 부정한 것들을 제거하기 위해 제사가 행해졌다고 한다. 보통 야크 버터와 짬빠, 향백나무 잎 등을 바쳐 제사를 지낸다. 지금도 나시족 거 주 지역에서 '제천'은 일 년 중 가장 중요한 행사이고, 그 제사가 시작되 면 나시족의 사제인 둥바(東巴)는 가장 먼저 불을 피우고 향백나무 잎과 짬빠 등을 태워 연기를 피워 올려서 그 연기로 이곳저곳을 소독하며 '제 예'를 시행한다. 조로아스터교의 제의에서도 가장 중요한 약초가 호움 (houm; haoma)이고 그것으로 만든 음료가 '조르'인데 이것은 인도의 「리 그베다」에 등장하는 소마(soma)와 같다. 『아베스타』의 「가타」에서는 호 움으로 만든 음료를 마시는 습속을 비판하는 대목이 나오지만(「가타・야 스나」32:14) 나중에 나온 「야스나」에서는 호움을 의인화해서 찬양하는 대목이 나온다. '죽음을 없애주는'이라는 수식어가 언제나 '호움' 앞에 붙는 것을 볼 수 있다.[87]

호움 이외에도 정화의식을 위한 목욕을 할 때 사용하는 석류, 그리고 버들 종류인 관음류(觀音柳) 등이 등장하는데, 관음류는 성스러운 불이 꺼지지 않도록 집어넣는 나무이며, 강물의 여신 아나히타가 손에 들고 있는 바르삼(Barsam) 가지가 바로 그것이라고 추측하기도 한다.

---

87) "새벽에 조로아스터가 화로를 깨끗하게 하고, 송가를 부르기 시작했네. 이때 호 움이 그의 앞으로 다가왔네. 조로아스터가 물었지. '그대는 누구인가? 아, 빛나는 저 모습, 내가 이 세상에서 본 가장 아름다운 남자로다!"(『아베스타』 제2권 「야 스나」 9:1) "죽음을 없애는 호움이 대답했네. '아, 조로아스터여! 저는 경건하고, 죽음을 없애주는 호움입니다. 빨리 저를 잡아, 음료를 만드세요."(『아베스타』 제2 권 「야스나」 9:2) 이후 「야스나」에서는 계속해서 '황금빛 호움'에 대한 찬미의 말들이 이어진다.

2) 버들가지와 물의 여신

가느다란 버들가지는 아나히타(Anahita)를 비롯해 관음, 만주의 버들
여신에 이르기까지 생명을 관장하는 많은 여신들이 들고 있는 것이기도
하다.88) 버들은 치유의 기능을 지닌 식물이다. 앞에서 소개한 시안의
안가 묘 등에 묘사된 성화를 모신 제단에 놓인 기물들을 보면 화병 안
에 나뭇가지가 꽂혀있고 긴 잎이 달려있다. 이것을 석류의 부드러운 가
지라고 보는 학자도 있지만, 여신과 물, 버들과의 깊은 연관성으로 볼
때, 물과 관련이 깊은 버들이라고 보는 것이 적합할 듯하다.

『아베스타』에 등장하는 강물의 수호신은 아반, 즉 아나히타이다. 아
나히타는 페르시아어로 나히드(Nahid)라고 하는데, '금성'이라는 뜻을 갖
고 있다. 『아베스타』 제5권 「야쉬트」, 제1장 「아반 야쉬트(Aban Yasht)」
에 의하면 아나히타는 가축을 번식하게 하고 재물이 들어오게 하며 세
상을 번성하게 하는 여신이고(1:1), 남성의 정액을 정화하고 생육하며
여성의 자궁을 정결하게 보호해준다. 여인이 아이를 낳을 때 순조롭게
낳게 해주며, 산부의 젖에서 젖이 잘 나오게 해준다(1:2). 아후라마즈다
가 창조했다(1:6)고 하지만, 아나히타는 네 필의 하얀 말을 타고 적들에
게로 향하는 여신(3:13)이기도 하다. 좋은 가축들을 지닌 잠시드(7:25),
입이 세 개인 아즈다하크(8:29), 명문귀족 파리둔(9:33), 두려움 없는 용
사 가르사스부(10:37), 용감한 투스(14:53) 등이 모두 아나히타에게 말과
소와 양을 바친다. 아후라마즈다의 말에 의하면 "아레드비 쉬라 아나히

---

88) 버들과 여신의 상관성에 관한 논의는 김선자, 「만주족 의례에 나타난 자손줄[子
孫繩]과 여신, 그리고 '탯줄 상징'」(『중국어문학논집』 제86집, 2014. 6.), 최혜영,
「버드나무 신화소를 통해 본 유라시아 지역의 문명교류의 가능성 혹은 그 접점」
(『동북아역사논총』(22), 2008. 12.) 참조.

타(Aredvi Süra Anahita)여! 그대는 별처럼 아후라마즈다가 창조한 대지에 내려와 다시 이곳으로 돌아오리라. 아나히타여! 영명한 통치자와 명성 있는 현자들이 그대를 향해 축도하고 제사를 올리네"(21:85)라 한다. 아나히타는 또한 몸에 금황색 파남(Panam, 갑옷)을 입고 그녀를 향한 송가를 듣기도 한다(29:123).

여기서 아나히타는 활기가 넘치는 젊은 여성의 모습을 하고 있다. 언제나 그렇듯, 손에 바르삼 가지89)를 들고 귀에는 금 귀걸이를 차고 있으며, 목에는 목걸이를 하고 있다. 허리띠를 졸라매고 가슴이 봉긋한 모습으로 나타난다(30:127). 비록 아후라마즈다의 수하에 있기는 하지만, 위대한 전사들이 제물을 바치고 송가를 바치며, 갑옷을 입은 위풍당당한 모습에, 버들로 추측되는 바르삼 가지를 들고 있는 강물의 수호여신90) 아나히타는 위대한 고대 여신의 면모를 보여주고 있다.

사실 『흑백지전』 역시 흑과 백의 대표자인 므르스즈와 므르두즈를 중심으로 이야기가 전개되지만, 흑족 므르스즈의 딸 ㄲ자나모나 백족 므르두즈의 아내 츠좌지무에게서도 그런 면모를 발견할 수 있다. 아버지의 명령을 받아서 간 것이긴 하지만 ㄲ자나모는 여러 번 변신하면서 빛의 신 므르두즈의 아들 아루를 유혹하는데 성공한다. 『분다히슨』에서도 힘이 빠져있던 아흐리만을 부추겨 다시 힘을 내게 만드는 것이 여

---

89) '바르삼'은 'Baresman'이라고도 표기하는데, 제사를 거행할 때 손에 드는 가느다란 나뭇가지를 가리킨다. 위안원치는 이 나무를 석류 혹은 위성류(檉柳) 나뭇가지라고 말하고 있다. 조로아스터교 사당에는 이 나뭇가지를 많이 꽂아두는 용기가 있는데 그것을 '바르삼 단'이라고 부른다. 손에 나뭇가지를 들고 경건하게 기도를 하는 것은 아후라 마즈다가 창조한 유익한 식물들에게 감사를 표하는 것이다.(『아베스타』, p.109.)

90) 아나히타의 이름에도 그것이 나타나있다. 아나히타의 원래 이름은 Aredvi Süra Anahita('순결하고 강대한 강'이라는 뜻)이다(「아반 야쉬트」 1:1).

신인 '자흐'이다. 『아베스타』에서는 곳곳에 아흐리만 수하의 소위 '여요
(女妖)'들이 등장하는데, 이들은 마치 남성 영웅의 힘을 북돋아 주며 그
들을 승리로 이끌었던 북방 초원지역 여성 샤먼들의 역할을 하고 있는
듯이 보인다. 고대 이난나 여신의 맥락에 있는 것으로 보이는 아나히타
에게도 강력한 빛의 힘을 부여하고 있는 것을 볼 수 있다.

『흑백지전』에서 빛의 신 므르두즈의 아내 츠좌지무는 어둠의 신 므
르스즈의 군대가 쳐들어올 때, 모든 것을 다 감추고 심지어 자신의 아들
인 아루까지 자신의 영역인 물속에 숨겨놓은 채 므르스즈의 군대를 혼
자서 맞이한다. 위대한 남성 영웅들의 서사인 것처럼 보이지만, 그 안에
는 혼자서 적을 감당한 강인한 여신들의 모습이 남아있다. 특히 츠좌지
무의 영역이 아나히타처럼 '물'이며, 므르스즈의 딸 끄자나모가 아루를 유
혹하기 위해 들어가 있던 장소도 '물속'이라는 점에 유의할 일이다.

5.6. 지혜에 대한 존중과 문자의 신화

『아베스타』의 의미에 대해서는 여러 가지 설이 있으나, 그것이 '지혜'
를 뜻한다는 주장도 있다. 고대 페르시아나 원난성 지역의 강족 계통
민족 모두에게 특별히 '지식'과 '지혜'를 존중하는 전통이 있다는 점도
흡사하다. '지혜'라는 것은 사람의 심성을 밝혀주는 것이니 이것 역시
결국은 빛에 대한 숭배에 다름 아니다. 빛은 지식과 지혜, 깨달음과 판
별력 등의 '정신적 품성'을 갖추고 있기 때문이다. 그래서 『아베스타』에
서는 곳곳에서 지식에 대한 예찬을 볼 수 있다. 아후라 마즈다의 의미
가 '지혜로운 지도자'라는 것, 티베트나 이족, 나시족 등 고 강족 계통
민족의 사제들 호칭이 모두 '지혜로운 자'를 뜻한다는 점을 생각해볼 일

이다. 티베트 뵌교의 수많은 신들 중에서 가장 중요한 신들이 네 명 있는데, 그중에서 온몸이 하얀 빛으로 등장하는 빛의 신 셴라웨까(gshen lha od dkar)가 지혜의 신으로 등장한다.[91] 빛과 지혜를 동일시하는 사고가 여기서도 보이는 것이다.

특히 강족 계통의 민족들에게는 문자의 기원에 관한 신화가 많이 전승된다. 하니족의 문자에 관한 신화를 보면, 하니족의 사제인 베이마가 그렇게 많은 지식을 갖게 된 것은 강물의 신에게 빼앗길 뻔했던 경전들을 베이마가 모두 뱃속에 집어넣었기 때문이라는 신화가 있다. 이족을 비롯한 여러 민족의 신화에는 문자를 천신의 선물이라고 하는 이야기들이 보인다. 다른 지역에서 찾아보기 힘든 문자의 기원에 관한 많은 신화들을 전승하는 것이 윈난 지역 강족 계통 민족 신화의 특색이기도 하다. 지혜와 지식에 대한 중시가 강족 계통 민족 신화를 구성하는 중요한 요소라는 점을 생각해볼 때, 그들에게 특히 문자의 기원에 관한 신화가 전승되는 이유를 알 수 있다.

6. 나오는 말

이상에서 비교해본 것처럼, 구체적인 부분에서 매우 흡사한 것들을 찾아볼 수 있기에, 윈난 지역 나시족의 둥바교 경전에 들어있는 신화에 보이는 흑과 백의 이원적 대립 구도가 그 지역 고유의 특성이라고 보기는 어렵다. 이란 고원 쪽에서 발생한, 이원론에 바탕을 두고 생겨난 조

---

91) 頓珠拉杰 著, 「第4章 雍仲本教的教義」, 『西藏本教簡史』西藏人民出版社, 2007, p.109.

로아스터교라는 종교는 이후 기독교와 이슬람교의 교리에도 많은 영향
을 미친다. 뿐만 아니라 그것은 동쪽으로 실크로드의 여러 노선을 통해
중국, 몽골, 만주까지 이어지면서 빛과 어둠의 대립과 투쟁이라는 구도
를 가진 신화들이 각 지역의 서사시에 등장하게 된다.

그런데 나시족의 빛과 어둠의 신들의 이원대립에 관한 신화들은 직
접적으로는 티베트의 영향을 받았을 가능성이 크다. 나시족의 둥바교가
토착 종교에 티베트 불교가 섞이면서 형성된 종교이기 때문인데, 주의
해야 할 것은 티베트 불교 역시 뵌교의 영향을 많이 받았다는 점이다.
앞에서 언급했듯, 뵌교는 이란 고원에서 일어난 조로아스터교의 영향을
받았고, 티베트에서 불교가 국교로 확립되면서 뵌교는 밀려났지만, 그
것은 나시족의 경전에도 상당한 영향을 미쳤다. 한편, 조로아스터교의
중국 유입 노선을 보면 실크로드가 중요한 역할을 하고 있고, 북조 시
대에 이미 지금의 산시성 시안까지 조로아스터교가 들어왔다는 증거가
나타났다. 그렇다면 위진남북조 시대에 활발하게 이루어졌던 민족 간의
융합, 민족의 이동 등을 통해 조로아스터교의 종교적 의례나 신화적 모
티프 등이 고 강족 계통 민족의 이주와 함께 쓰촨성, 윈난성 지역까지
유입되었을 가능성도 배제할 수는 없는 것이다. 특히 강족 계통 민족에
게 공통적으로 등장하는 불이나 빛과 관련된 습속이나 제의 등은 강족
계통 민족이 이주의 과정에서 함께 가져온 것으로 보인다.

과연 어떤 길이 윈난성 나시족의 신화에 직접적 영향을 미쳤는지는
더 세밀하게 추적해보아야 할 과제이지만, 둥바교의 경전 『흑백지전』
에 나타난 빛과 어둠, 흑과 백의 이원적 대립과 투쟁에 관한 신화는 페
르시아의 경전 『아베스타』에 나타난 이원론적 요소가 티베트 쪽을 통
해 들어왔다고 보는 것이 보다 합리적인 것으로 여겨진다.[92] 간쑤성에

서 쓰촨을 거쳐 윈난 쪽으로 이주해온 나시족이 리장(麗江)과 그 북쪽에 있는 샹그릴라(香格里拉) 지역으로 다시 이주해 거주하면서 티베트족과 경계를 이루어 살아가게 되고, 그 과정에서 둥바교의 경전을 전승하는 둥바들이 티베트의 뵌교적 요소들을 받아들인 것으로 보이기 때문이 다.[93] 하지만 티베트족이나 나시족이 속한 '강족'이라는 고대 민족이 과연 어디서부터 기원했는가에 대해서는 아직 명확하게 밝혀진 점이 없기 때문에, 빛과 불을 숭배하는 고 강족 계통 민족들의 민족 이동 경로와 신화적 모티프들을 서아시아와의 관련성 하에서 지속적으로 연구할 필요가 있다고 하겠다.

---

92) 678년부터 794년에 이르는 백 여 년의 시기 동안 나시족 지역이 토번의 영향력 하에 있었다는 것을 감안한다면(楊學政, 『藏族納西族普米族的藏傳佛教』, 雲南人民出版社, 1994, p.198.), 초기 티베트 불교와 뵌교가 나시족 지역에 영향을 미쳤을 가능성은 충분히 있다.

93) 물론 『흑백지전』이나 앞에서 소개한 『창세기』에는 오랜 세월 동안의 전승 과정을 거치면서 나시족 특유의 문학적 표현들이 들어간 부분들도 많이 보이기에 그 작품 전체가 외래문화의 영향을 받았다고 말할 수는 없다. 본 논문에서 언급하고자 한 것은 단지 『흑백지전』이라는 작품의 가장 기본적 구도를 이루고 있는 흑과 백의 이원적 대립구도이다.

卍 참고문헌

『梁書』
『魏書』
『周書』
『北史』
『隋書』
『舊唐書』

<저서>
陳垣, 『陳垣學術論文集』 第1集, 中華書局, 1980.
唐長孺 主編, 『吐魯蕃出土文書』 第二冊, 國家文物局古文獻研究室 等編, 1981. 10.
陳佳榮, 『中外交通史』, 香港 學津書店, 1987.
雲南省少數民族古籍整理出版規劃辦公室 編, 『納西東巴古籍譯注』(三), 雲南民族出版社, 1989.
李子賢 編, 『雲南少數民族神話選』, 雲南人民出版社, 1990.
姜伯勤, 『敦煌吐魯番文書與絲綢之路』, 文物出版社, 1994.
林悟殊, 『波斯拜火教與古代中國』, 臺北 新文豊出版社, 1995.
元文琪, 『二元神論-古波斯宗教神話研究』, 中國社會科學出版社, 1997.
『納西東巴古籍譯注全集』 編審委 編, 『納西東巴古籍譯注全集 · 第25卷』 「禳垛鬼儀式 · 董
        述戰爭」, 雲南人民出版社, 1999.
『納西東巴古籍譯注全集』 編審委 編, 『納西東巴古籍譯注全集 · 第24卷』 「禳垛鬼儀式 · 人
        類起源和徙遷的來歷」, 雲南人民出版社, 1999.
唐孟生 主編, 『東方神話傳說 · 第1卷 希伯來 · 波斯伊郎神話傳說』, 北京大學出版社, 1999.
榮新江, 『中古中國與外來文明』, 北京三聯書店, 2001.
伊郎 賈利爾 · 杜斯特哈赫 選編, 元文琪 譯, 『阿維斯塔-瑣羅亞德教聖書』, 商務印書館, 2005.
沈福偉, 『中西文化交流史』, 上海人民出版社, 2006.
頓珠拉杰 著, 『西藏本教簡史』, 西藏人民出版社, 2007.
張毅, 『納西東巴「黑白戰爭」字釋及研究』, 西南大學 碩士學位論文, 2007. 4.
德慶多吉 譯, 『西藏本教經文集』, 西藏人民出版社, 2008.
Joseph Rock 著, 劉宗岳 等 譯, 『中國西南古納西王國』, 雲南美術出版社, 2008.
楊世光 整理, 『黑白之戰』, 雲南人民出版社, 2009.

유흥태, 『페르시아의 종교』, 살림출판사, 2010.
이평래 등, 『알타이스케치3』(신장 알타이 편), 동북아역사재단, 2015.

<논문>

王素, 「高昌火祆敎論稿」, 『歷史硏究』 1986年 第3期.
林悟殊, 「論高昌"俗事天神"」, 『歷史硏究』, 1987年 第4期.
謝繼勝, 「藏族本敎神話探索」, 『民族文學硏究』 1988年 第4期.
西藏人民出版社 編, 『國外藏學硏究譯文集』 第11輯, 西藏人民出版社, 1994.
楊學政, 『藏族納西族普米族的藏傳佛敎』, 雲南人民出版社, 1994.
楊福泉, 「納西族的靈魂觀」, 『思想戰線』 第5期, 1995.
宋曉梅, 「我看高昌"俗事天神"-兼談祆敎的東傳」, 『中國歷史博物館館刊』 第2期. 1998.
張云, 「本敎古史傳說與波斯祆敎的影響」, 『中國藏學』 4期, 1998.
陶占琦, 「從神話經典及其所涉文化因素看東巴敎與古苯巴敎的關係」, 『西藏硏究』 第4期, 1998.
彭樹智, 「唐代長安與祆敎文化的交往」, 『人文雜誌』 第1期, 1999.
邱紫華·李寧, 「古代波斯宗敎哲學的二元本體論及原型意象的審美闡釋」, 『黃岡師範學院學報』
        第20卷 第2期, 2000. 4.
陝西省考古硏究所, 「西安北郊北周安伽墓發掘簡報」, 『考古與文物』 第5期, 2000.
林梅村, 「稽胡事跡考-太原新出虞弘墓志的幾個問題」, 『中國史硏究』 第1期, 2002.
楊軍凱, 「關于祆敎的第三次重大發現-西安北周薩保史君墓」, 『文物天地』 第1期, 2003.
元文祺 譯, 『阿維斯塔(Avesta)』, 商務印書館, 2005.
解梅, 「唐五代敦煌地區賽天儀式考」, 『敦煌學輯刊』 第2期(總第48期), 2005.
周菁葆, 「西域祆敎藝術」, 『西域硏究』 第1期, 2010.
孫武軍, 「阿胡拉馬玆達象徵圖像源流辨析」, 『西域硏究』 第2期, 2015.
민병훈, 「西투르키스탄의 諸宗敎遺跡 및 出土遺物-佛敎와 조로아스터교를 중심으로」,
        『미술사연구』13, 1999. 12.
최혜영, 「버드나무 신화소를 통해 본 유라시아 지역의 문명교류의 가능성 혹은 그
        접점」(『동북아역사논총』(22), 2008. 12.
신양섭, 「페르시아 문화의 동진과 조로아스터교」, 『한국중동학회논총』 제30-1호, 2009.
장준희, 「중앙아시아의 전통축제 '나브루즈' 고찰」, 『비교민속학』 제43집, 2010.
김선자, 「나시족 창세서사시『흑백지전黑白之戰』에 나타난 '흑'과 '백'의 문화적 맥락
        에 관한 연구」, 『중국어문학논집』 제83집, 2013. 12.
신규섭, 「페르시아 관점에서 본 실크로드의 의미와 주체적 해석」, 『한중미래연구』

　　　제2호, 2014.

김인화,『페르시아 아케메네스조의 왕권이념-다리우스 1세를 중심으로』, 고려대학교
　　　사학과 석사학위논문, 2014.

김선자,「만주족 의례에 나타난 자손줄[子孫繩]과 여신, 그리고 '탯줄 상징'」,『중국어
　　　문학논집』제86집, 2014. 6.

김선자,「중국 강족羌族 계통 소수민족 신화에 나타난 흰 돌[白石]의 상징성-빛과 불,
　　　그리고 천신」,『중국어문학논집』제91집, 2015. 4.

http://www.avesta.org/avesta.html (『Avesta』와『Bundahishn』의 영문번역본)

한반도 촉각식검을 통해 본 동서 교류*

박 선 미

동북아역사재단 한중관계연구소

1. 머리말

촉각식검(觸角式劍)은 검자루 끝이 곤충의 더듬이(촉각 : 觸角, 영어의 Antenna)와 같이 둥글게 말려 올라간 모양으로 장식된 검이다. 이 독특한 장식을 한 검이 요동 및 길림 일대뿐만 아니라 한반도에서도 다수 발견되었다. 그런데 한반도의 촉각식검은 소위 쌍조형촉각식검(雙鳥形觸角式劍)으로서 이름에서 알 수 있는 바와 같이 곤충의 더듬이 대신 한 쌍의 새를 검자루 끝에 장식한 검이다. 검자루 끝에 동물의 모양을 장식하는 예는 일반적으로 북방 초원, 특히 오르도스 지역에서 나타나는 특징이다. 주로 멧돼지, 새, 사슴, 산양 등의 동물이 장식으로 채용되었다.

* 이 글은 2015년 10월 가천대학교 아시아문화연구소에서 개최한 '실크로드와 알타이-동서교류의 주역' 국제학술대회에서 발표한 원고로 최근 자료를 참고하여 수정, 보완한 것임.

흥미롭게도 이와 비슷한 유형의 검이 그리스 등을 중심으로 하는 유럽에서도 발견되었다. 안테나식동검(Antenna Style Dagger)이라 불리는 이들 검은 검자루 끝이 가늘고 긴 더듬이로 장식되어 있다는 점에서는 한반도의 것과 세부적인 차이가 있으나, 장식 끝이 동그란 고리 모양으로 마감되었다는 점에서 공통적이다. 이 때문에 만주, 한반도, 일본 규슈 북부에서 발견되는 쌍조형촉각식검은 일찍이 동서 교류를 보여주는 대표적인 유물로 주목된 바 있다.[1]

동북아시아에서 발견된 검은 발견 초기에는 동검으로 알려졌으나 쌍조장식의 검자루에 철제 검신으로 된 동병철검(銅柄鐵劍)과, 청동제 쌍조장식이 있는 목제 검자루에 철제 검신으로 된 목병철검(木柄鐵劍)의 예가 추가적으로 알려졌다. 필자는 이들 검을 오르도스 등에서 발견된 '쌍조두형(雙鳥頭形)'의 촉각식검과 구분하여 '쌍조형촉각식검' 혹은 '쌍조형안테나식검'이라고 부를 것을 제안한 바 있다.[2]

동북아시아에서 발견되는 쌍조형촉각식검이 주목되는 것은 외래적인 요소의 검자루끝 장식과 토착 양식의 검신이 '교류의 일면'을 보여준다는 점 외에도 이것을 만든 주인공과 관련하여 주요한 시사점을 던져주고 있다는 점이다. 즉 검신의 모양은 소위 고조선의 검문화로 알려진 비파형동검 혹은 세형동검의 검신 모양을 띠고 있다. 이는 교류와 접촉의 주체가 고조선과 관련된 집단임을 의미한다. 제작 수법에서도 검신과 검자루를 한꺼번에 주조하는 북방계의 소위 연주식(連鑄式) — 또는

1) 樋本龜生,「靑銅柄付鐵劍及の靑銅製飾柄頭に就いて」,『考古學』7-9, 日本考古學會, 1936.
  김원룡,「조형안테나식 세형동검의 문제」,『백산학보』8, 1970.
  金廷鶴,『韓國の考古學』, 河出書房新社, 1972.
2) 박선미 외,「동북아시아 쌍조형안테나식검의 성격과 의미」,『영남고고학보』63, 2012.

일주식(一鑄式)이라 함— 으로 제작된 경우와 비파형동검의 전통적 동검 제작기술인 별주식(別鑄式)으로 제작된 경우가 모두 발견된다. 후자는 한반도와 쓰시마에서만 발견되었다. 이것은 무엇을 의미하는가?

본고에서는 한반도에서 발견된 쌍조형촉각식검의 구체적인 사례를 살펴보고 오르도스 지역의 촉각식검과 비교하여 동서 교류의 한 단면을 살펴보고자 한다. 이 과정에서 교류의 다이나믹한 양상뿐만 아니라 한반도의 쌍조형촉각식검을 제작, 사용한 주인공에 대해서도 조금이나마 이해할 수 있을 것으로 기대한다.

2. 출토 사례와 특징

한반도에서 조사, 보고된 촉각식검은 박준상 수집품과 대영박물관소 장품을 포함하면 15자루이다. 이들 유적은 대부분 큰 강을 끼고 있어 외부와의 접근성이 용이하다는 공통점을 보이고 있다. 발견 사례별로 유적의 입지와 출토 유물을 중심으로 살펴보면 다음과 같다.

2.1. 평양 토성리 486호 목곽묘

1994년 평양 토성리 486호 목곽묘3)에서 출토되었으며, 한반도에서 는 보기 드물게 검신과 검자루를 한꺼번에 주조한 연주식 동검이다. 북 한의 발굴 보고서에 게재된 동검의 도면에는 쌍조형의 검자루끝 장식이

---

3) 윤광수, 「토성동 486호 나무곽무덤 발굴보고」, 『조선고고연구』 4, 1994.

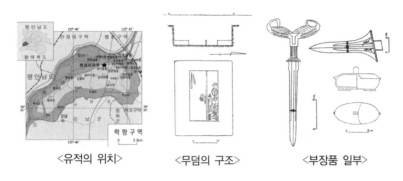

<유적의 위치>　　　　<무덤의 구조>　　　　<부장품 일부>

[그림 1] 평양 토성리 486호 목곽묘 쌍조형촉각식검과 출토유물

과장되게 그려져 있으나, 사진을 보면 새의 등 부분에 단사선 줄무늬가 있고, 배 부분과 손잡이에도 톱니모양과 같이 음·양각의 삼각형무늬가 마주대하는 형식으로 장식되어 있다.[4] 검과 자루를 바쳐주는 검격(劍格)에도 단사선 줄무늬로 채워진 삼각형 문양이 두 단으로 조성되어 있다. 검신은 초기 세형동검 가운데 소위 대청산-오도령구문식(大靑山-五道嶺溝門式)에 해당한다. 전형적인 남만주식 쌍조형촉각식검이다.

유적은 평양시내 통일거리 중심도로와 평양-개성 간 고속도로 교차점에서 동쪽의 원암(현재의 통일거리일동) 방향으로 약 500m 떨어진 자그마한 언덕의 동쪽 기슭에 위치한다. 무덤의 북쪽 약 200m 지점에 토성이 있으며, 그 북쪽으로는 대동강이 흐른다. 인근에 정백동유적이 있다. 대동강을 통해 황해로 쉽게 나갈 수 있고 대동강 상류의 물길과 육로를 통해 압록강 방면으로의 접근이 용이하다.

검이 출토된 무덤의 묘광은 길이 300cm, 너비 240cm, 깊이 80cm 규모의 말각장방형이다. 목곽은 동서방향으로 안치되어 있으며, 길이

---

4) 小田富士雄, 「一鑄式銅劍覺書-下關市立考古博物館」, 『研究紀要』1, 1997, pp.83~93, 사진 II.

180cm, 너비 120cm의 규모이다. 현재는 부식되어 흔적만 남아 있다. 나무곽과 묘광 사이의 거리는 60cm이다. 나무곽 안에 시신을 넣는 주 검곽과 부장품을 넣는 곽을 구분한 칸막이가 있다. 이 칸막이 사이로 남쪽부분은 주검곽이고 북쪽부분은 부장품곽이다.

무덤에 부장된 유물로는 세형동검, 세형동모, 세형동과, 쇠뇌, 쇠장검, 쇠칼, 쇠도끼, 쇠가지창, 쇠끌, 쇠활촉, 청동활촉, 돌활촉, +자형 청동제 검자루맞추개, 석제 배개모양 검자루맞추개, 원판형벽옥, 대롱구슬, 수정구슬, 무늬가 없는 청동거울과 용무늬가 있는 청동거울, 청동그릇, 청동국자, 청동방울, 순금덩이(주조물이며 밑에 上 자가 새겨있음), 흰차돌(닦음돌) 등이 있다. 부장품이 많고 화려하여 한 집단의 수장급이 묻힌 무덤으로 추정된다.

나무곽무덤의 형식분류와 공반된 유물을 기준으로 하여 무덤자체는 기원전 2세기 이전과 기원전 2세기 말에서 1세기 초로 편년되고 있다. 토성리 출토 쌍조형촉각식검은 동북아시아 촉각식검의 편년과 이동경로를 추정하는 열쇠를 쥐고 있다.

2.2. 전 평양

1936년 가야모토 가메지로(榧本龜生)가 『고고학』잡지에 평양박물관 소장품 가운데 동병철검 및 부속구와 함께 평양부 내에서 출토되었다고 전하는 쌍조형촉각식의 검자루끝 장식을 소개하면서 알려졌다.[5] 고고학적 맥락에 대한 정보가 거의 없는 형편이어서 출토된 유구의 성격이

---

5) 榧本龜生,「靑銅柄付鐵劍及の靑銅製節柄頭に就いて」,『考古學』7-9, 日本考古學會, 1936.

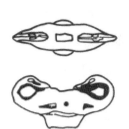

[그림 2] 전 평양 쌍조형
검자루끝 장식

나 연대, 검신의 형식도 알 수 없다. 다만 쌍조형의 장식이 도면으로 소개되어 있는데, 가야모토는 이와 같은 이형(異形)의 검자루끝 장식이 평양부에서 두 세 점 알려졌다고 부기하였다.

쌍조형 장식은 두 마리의 새가 서로 목을 돌려 마주보고 있는 전형적인 한반도식 '사실형'이다. 새의 눈과 부리, 좌우 대칭으로 배치된 한쌍의 삼각형 투공과 중앙에 배치된 원형 천공(穿孔)이 모두 잘 갖추어져 있다.

2.3. 가평 달전리 2호 토광목관묘

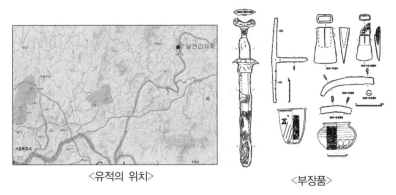

<유적의 위치>　　　　<부장품>

[그림 3] 가평 달전리유적 쌍조형촉각식검과 출토유물

2002년 10월 10일부터 12월 15일, 2003년 3월 10일부터 6월 23일에 조사된 가평 달전리 유적6)의 제2호 토광목관묘에서 쌍조형의 검자루끝 장식, 목제 검자루, 철제 검신, 검집 부속구 등이 모두 갖추어진 모습으로 출토되었다.

가평 달전리유적은 북한강 좌안에 위치한 충적지대의 완만한 평탄지형에 자리하고 있다. 북쪽으로 달전천이 북한강으로 흘러 들어가며, 그 북쪽에서 가평천이 북한강으로 흘러 들어간다. 유적의 북쪽에 가평읍의 중심지가 발달해 있으며, 이 중심지와 유적 사이로 경춘선 철도와 경춘국도가 지나고 있다. 내륙 깊숙한 곳에 위치한 편이지만 가평천을 따라 북쪽으로 올라가면 철기시대 유적이 있는 마장리와 이곡리 등으로 연결된다. 또한 가평은 한반도의 중부 내륙을 북동에서 남서 방향으로 달리는 광주산맥의 한 가운데에 자리하고 있고, 풍수지리학에서 말하는 진산(鎭山)으로서 교통의 거점지라 할 수 있다.

무덤의 규모는 남북을 장축으로 하여 가로 280~300cm, 세로 100~130cm, 깊이 70cm이다. 목질흔에 의한 목관의 크기는 가로 160cm, 세로 40cm 가량이다. 부장품으로는 북벽에 화분형토기와 광구단경호가, 동벽에 철기가 배치되어 있었고, 관의 중앙부에서 촉각식검이 발견되었다. 이외 철제 환두도, 철제 극(戟), 대형과 소형의 단조철부, 철제 낫과 그 파편, 청동고리 등이 있다.

토광목관묘는 모두 다섯 기가 조사되었는데, 1호에서는 2호 출토품과 같은 화분형토기와 광구단경호가 출토되었고, 3호에서는 화분형토기, 철제 재갈과 함께 세형동검과 검 부속구가 출토되었다. 다섯 기의 토광목관묘가 같은 시대에 조성되었음을 알 수 있다. 쌍조형촉각식검과 함께 부장된 고식(古式)의 화분형토기는 고운 점토질의 태토에 석립(石粒)이 혼입되어 있는 적갈색의 토기이다. 광구단경호는 고운 점토질에 석립이 혼입되어 있는 회백색의 토기이다. 평양지역에서 화분형토기와 광

---

6) 한림대학교박물관,『가평 달전리 유적-토광묘』, 2007.

구단경호가 세트로 부장되는 경우는 대체로 기원전 2세기경부터 나타나서 기원전 1세기대에 일반화된다. 이로 보아 달전리 검은 기원전 1세기 혹은 이보다 약간 늦은 기원전 1세기 후엽에 부장된 것으로 보인다.

2.4. 대구 비산동

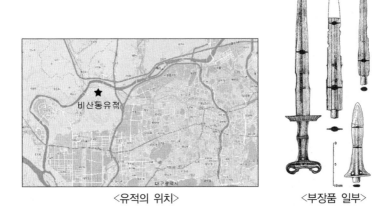

<유적의 위치>　　　　　<부장품 일부>

[그림 4] 대구 비산동유적 쌍조형촉각식검과 출토 유물

　1956년 8월 대구 비산동 와룡산 북쪽 기슭에서 쌍조형 검자루끝 장식과 검집 부속구 등 50여 점의 청동기 및 철기가 빗물에 의해 노출된 것을 대구 거주민이 발견한 것이다.[7] 이듬해 김원룡에 의해 현지 답사가 이루어졌는데, 유물이 직경 5~6m쯤 되는 범위 안의 점판암편들 속에 흩어져 있었다는 발견자의 말을 토대로 분묘유적으로 추정되었다.

　유적이 위치한 와룡산은 대구광역시 내의 서쪽 외곽에 해당하며 낙동강의 지류인 금호강이 산의 북쪽을 휘감아 흘러가고 있다. 대구분지

――――――――――――

7) 김원룡, 앞의 논문, 1970.

에서 와룡산은 쉽게 눈에 띄는 곳이다. 비산동 일대는 낙동강을 따라 남쪽으로 달성, 창녕 등으로 연결되고, 금호강을 따라 올라가면 경산과 영천으로 쉽게 이동할 수 있는 교통의 요지이다.

출토된 유물로는 세형동검, 동과, 동모, 동병철검, 철제 삽, 거마구, 금구, 우각형동기, 마제석검 등이 있다. 이 가운데 우각형동기는 전 대구 지산동, 쓰시마 사카도 등에서도 발견되었다.

쌍조형 검자루끝 장식은 청동제의 죽절형(竹節形) 손잡이와 심부(鐔部)로 조합을 이루고 있다. 비산동 출토품은 공반된 세형동검과 일괄유물로 수습되면서 한 세트로 전시되어 왔으나 애초에 세트가 아닐 가능성도 있다. 비산동형은 일반적으로 철검의 장식으로 발견되는 경우가 많아서 이들이 반드시 한 쌍을 이루었다고 확신하기는 어려울 것 같다. 향후 추가적인 발견과 연구를 기대한다.

2.5. 대구 지산동

<유적의 위치>　　　　　　　　<출토 유물>

[그림 5] 대구 지산동유적 쌍조형 검자루끝 장식과 출토 유물

쌍조형 검자루끝 장식은 1986년 고 이양선 박사(1916.1~1999.12)가 기

증한 유물 가운데 대구 지산동 출토 유물로 소개된 것이다.8) 고고학적
출토맥락은 전해지지 않고 대구 지산동에서 출토되었다고만 전한다.

지산동은 대구광역시의 동남쪽 외곽부이며 금호강의 남쪽 지류인 신천
우안에 자리하고 있다. 유적의 동남쪽으로 대덕산과 안산 등이 둘러져 있으
며 쌍조형이 나온 경산 임당과는 물길과 대덕산 둘레길을 통해 연결된다.

함께 소개된 유물로는 +자형 검자루끝 장식, 칼집 부속구, 청동거울,
이형동기, 우각형동기, 청동고리 등이 있다. 이 중 우각형동기는 머리
부분에 세 줄의 평행음각선이 돌아가고 그 아래에 인접하여 옆으로 지
그재그문이 음각으로 새겨져 있다. 이러한 형태의 청동기는 앞에서 소
개한 비산동유적, 쓰시마 사카도 외에 경북 상주 낙동리 출토품과도 유
사하다. 이들 유적이 서로 연관이 있지 않을까 짐작된다.

2.6. 대구 봉무동 1호 옹관묘

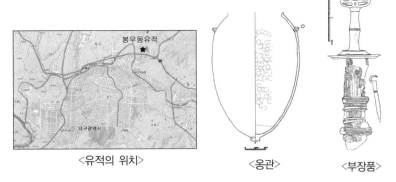

<유적의 위치>　　　　<옹관>　　　　<부장품>

[그림 6] 대구 봉무동유적 쌍조형촉각식검과 출토 유물

8) 김정학, 앞의 논문, 1972.
　국립경주박물관, 『李養璿博士蒐集文化財』, 통천문화사, 1986.

2004년 12월 20일부터 2005년 12월 30일 및 2007년 8월 1일부터 2008년 1월 16일까지 진행된 대구 봉무지방산업단지 조성을 위한 1단계 발굴조사에서 발견되었다.[9] 쌍조형촉각식검은 철제 검신, 청동제 죽절형 검자루, 심부, 칠이 된 목제 검집과 검집 부속구 등이 모두 갖추어진 채 철제 환두소도자와 함께 옹관묘에서 출토되었다. 검신의 삽입부는 검자루 속 중간까지 끼워 잘 맞추어져 있었다.

봉무동은 삼국시대(6세기 3/4분기에서 7세기 2/4분기)의 석실분으로 조성된 고분군이다. 이 고분들 사이에서 옹관이 1기 발견된 되었다. 유적은 대구시의 북동쪽에 위치하며 팔공산의 한 지맥인 문암산 능선의 서쪽 말단부 일대와 낙동강의 지류인 금호강 동쪽 일대에 펼쳐진 평야의 동쪽에 해당한다. 또다른 쌍조형 검자루끝 장식이 나온 경산 임당유적 및 영천 용전리유적과는 금호강으로 연결되어 있다. 옹관묘는 봉무동 고분군 능선의 서쪽 말단부에 위치한다.

묘광은 길이 186cm, 너비 125cm의 평면 타원형 및 단면 U자형이고, 옹관은 묘광 안에 옆으로 눕혀 안치되었다. 묘광의 장축은 북쪽으로 약간 치우친 동-서향이다. 옹관의 길이는 152.5cm, 최대 너비 105.5cm, 두께 2cm이며, 막음옹은 없다. 이러한 옹관의 형태는 기원전 1세기로 편년되는 경주 황성동유적의 황성I-1호 옹관과 유사하다. 또한 죽절형의 검자루는 창원 다호리와 영천 어은동 등 기원전 1세기에서 기원후 1세기대의 유적에서 발견되는 것과 같은 것이다. 따라서 봉무동의 경우도 이 시기에 해당될 것으로 추정된다.

---

9) 영남문화재연구원, 『대구 봉무동 유적 Ⅲ』, 2010.

2.7. 대구 신서동 8호 목곽묘

<유적의 위치>   <8호 목곽묘>   <부장품>

[그림 7] 대구 신서동유적 쌍조형 검자루끝 장식과 출토 유물

2009년 8월 24일부터 2010년 3월 18일에 조사된 대구 신서동유적 Ⅲ 구역 북쪽 구간의 8호 목곽묘에서 쌍조형의 검자루끝 장식이 출토되었다. 철제 검신 외에는 함께 껴묻혀진 부장품이 없다.10)

유적은 대구광역시 동쪽 외곽에 위치하며 광역시 북쪽을 휘감아 도는 금호강변의 북안에 해당한다. 비산동유적이 있는 와룡산과는 대구 시내를 사이에 두고 마주하고 있다. 또다른 쌍조형 검자루끝 장식이 발견된 경산과는 금호강을 사이에 두고 근접해 있으며, 여기에서 약간 더 거슬러 올라가면, 같은 류의 쌍조형 검자루끝장식이 나온 영천에 이른다.

무덤의 장축방향은 등고선과 직교하며, 평면은 말각장방형이다. 묘광은 길이 262cm, 너비 94cm, 깊이 79cm이며, 외부 관은 길이 241cm, 너비 7 cm이고, 내부 관은 길이 203cm, 너비 57cm이다. 유물은 북벽의 서단부에 인접하여 출토되었다.

함께 조사된 9기의 목곽묘 가운데 2호에서 채취된 시료의 C14보정

10) 경상북도문화재연구원, 『대구신서혁신도시 B-1 3북구역 유적』(본문) (사진), 2011.

연대가 기원전 2세기 중엽에서 기원전 1세기 중엽으로 측정되었다. 또한 단조철부와 판상철부가 같은 목곽묘에서 모두 발견되었다는 점, 기원전 1세기에서 2세기대에 주로 제작된 판상철부형 덩이쇠가 부장 된 점, 출토된 말재갈이 영남지역에는 기원 전후에 등장한다는 점을 고려하면 신서동 목곽묘의 연대는 2세기까지 내려오지는 않을 것으로 생각된다.

2.8. 경산 임당동 E-132호 목관묘

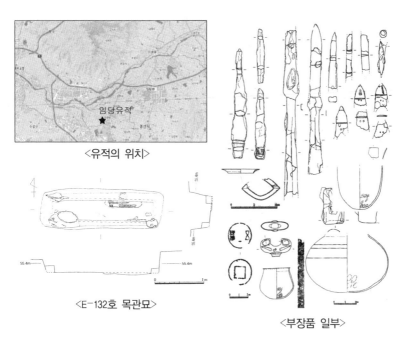

<유적의 위치>

<E-132호 목관묘>

<부장품 일부>

[그림 8] 경산 임당동유적 쌍조형 검자루끝 장식과 출토 유물

1997년 경상북도 경산시 임당동 E지구 132호 목관묘[11])에서 두 자루

의 철검과 함께 쌍조형 검자루끝 장식이 출토되었다. 검은 검자루끝 장식, 철제 검신, 심부로 구성되어 있고, 목제 검자루는 부식되어 없어졌다.

유적은 경산시 북부, 금호강의 지류인 남천과 오목천 사이에 형성된 분지에 위치한다. 물길과 육로를 통해 대구와 영천에 연결된다. 무덤은 사적 516호로 지정된 임당동 고분군과 조영동 고분군 사이에 있다. 즉 임당동 고분군에서 동쪽으로 반원상(半圓狀)으로 뻗어 조영동 고분군으로 연결되는 중앙부의 지릉(枝稜) 서쪽인 해발 54~62m 사이이다. E지구에서는 원삼국시대 목관묘 24기, 삼국시대 목곽묘 106기 및 옹관묘 5기, 삼국 및 고려시대 석곽묘 각 1기 등이 조사되었다.

무덤의 장축방향은 등고선과 직교하는 동-서향이며, 묘광의 평면은 말각장방형이다. 묘광의 규모는 길이 230cm, 너비90cm, 깊이 50cm이고 목관은 길이 195cm, 너비 45cm이다. 부장품으로는 칠초철검, 청동제 검자루끝 장식, 철모, 철준(鐵鐏), 철사(鐵鉇), 철도자, 철착(鐵鑿), 철촉, 단경호, 주머니호, 옹, 천하반성문 오수전(穿下半星文 五銖錢) 등이 있다. 오수전 등의 부장품을 고려해 보면 무덤의 연대는 1세기 초엽으로 추정된다.

---

11) 한국문화재보호재단, 『경산 임당유적(VI)-E지구 고분군』, 1998.

2.9. 경산 내리리 9호 목관묘

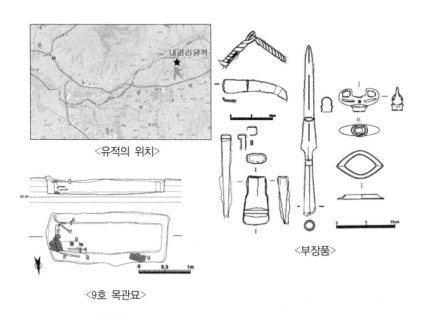

<유적의 위치>

<9호 목관묘>

<부장품>

[그림 9] 경산 내리리유적 쌍조형 검자루끝 장식과 출토 유물

2008년 12월 10일부터 2009년 2월 24일 조사된 경산 내리리 유적 II 구역 9호 목관묘에서 쌍조형 검자루끝 장식과 심부가 온전한 상태로 출토되었다. 철제 검신에 목제 손잡이 형태인 목병철검(木柄鐵劍)이다.[12]

유적의 입지를 보면 금호강과 대창천이 합류하는 지점의 남쪽에 인접한 구릉상에 위치하며, 유적의 서쪽에 내리리 마을이 있다. 비슷한 시기의 유적인 신대리유적, 임당유적 등과 인접해 있다. 동쪽의 영천 어은동유적과는 물길로 이어진다.

경산 내리리유적에서는 청동기시대의 주거지, 초기철기시대에서 원

---

12) 한빛문화재연구원, 『경산 내리리 유적 I』, 2011.

삼국시대에 해당하는 목관묘와 옹관묘, 조선시대의 토광묘 등이 조사되었다. 쌍조형촉각식검이 출토된 무덤은 II-1구역의 가장 남서쪽 사면에 위치하며 동~서향을 장축으로 한다. 묘광은 길이 232cm, 너비 98cm, 잔존깊이 30cm이며 말각장방형의 평면형태이다. 목관은 길이 203cm, 너비 56cm의 판재식관으로 추정된다.

부장품으로는 철제 재갈, 철부, 철겸, 철못 등이 나왔다. 이 가운데 재갈은 철봉(鐵棒)의 두 선을 꼬아 2연식으로 만든 것으로 외환(外換)이 결실된 것이다. 철봉을 꼬아 만든 2연식의 재갈은 대동군 상리, 석암리, 정백동, 토성동 등 한반도 서북부에 분포된 기원전 1세기대의 분묘에서 주로 출토되며, 대구 평리동에서도 같은 형식의 철제 재갈이 출토된 바 있는데, 기원 전후 시기에 해당한다. 이를 통해 볼 때, 내리리유적은 기원 전후의 것으로 볼 수 있다.

2.10. 영천 용전리 목관묘

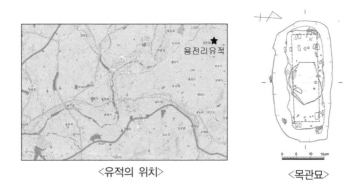

<유적의 위치>   <목관묘>

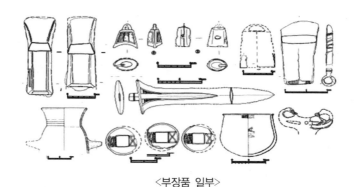

<부장품 일부>

[그림 10] 영천 용전리유적 쌍조형 검자루끝 장식과 출토 유물

2003년 12월 29일 영천시 고경면 용전리에 거주하는 주민이 포도나무를 심기 위하여 구덩이를 파던 중 발견하였다. 이듬해 3월 10일부터 19일까지 긴급조사가 이루어졌고 3월 20일부터 4월 25일까지 발굴조사가 이루어졌다.[13)]

유적이 위치하는 용전리는 영천시의 남동쪽에 해당하며, 무덤은 마을의 낮은 구릉의 말단부에 자리하고 있다. 이 앞으로 금호강의 지류인 고촌천이 흐르며, 초기 철기시대 유적인 어은동유적 및 사라리유적과는 금호강과 그 지류들로 연결되어 있다.

용전리의 경우는 목관묘 1기가 단독으로 발견된 경우에 해당한다. 묘광은 암반층을 파서 조성하였고, 요갱이 있다. 장축은 등고선과 일치하는 동-서 방향이며, 평면형태는 말각장방형이다. 묘광의 규모는 길이 325cm, 최대폭 165cm, 묘광의 어깨선에서 바닥까지 265cm이고, 목관의 규모는 길이 260cm, 폭 90cm, 높이 30cm이다.

부장품은 목관묘의 보강토와 관 바닥 및 내부와 요갱부 등에서 다

13) 국립경주박물관, 『永川 龍田里 遺蹟』, 2007.

량으로 출토되었다. 대표적으로 철제 꺾창이 들어 있는 꺾창집과 부속구, 세형동과, 동탁, 파수부장경호, 오수전, 한경, 다량의 주조철부, 철제 대구, 유리제품 등 이다. 이 가운데 오수전의 상한이 기원전 1세기 중후반으로 추정되고, 한경도 기원전 1세기 중기에 제작된 초엽문경 혹은 성운문경으로 추정된다. 따라서 용전리유적은 기원전 1세기 중후반으로 편년할 수 있겠다. 그러나 철기가 한반도 남부에 유입되는 양상을 보면 기원전 2세기경에 제한적으로 유입되었다가 기원전 1세기 후반부터이고 점차 많아진다.[14] 이 점을 염두에 두고, 다량의 주조철기, 유리 등의 존재를 고려하면 시기는 이보다 늦을 가능성도 없지 않다.

2.11. 울산 장현동 39호 목관묘

<유적의 위치>

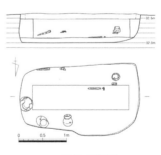

<39호 목관묘>

14) 박선미, 「교역품의 양적 분석을 통한 위만조선의 완충교역 연구」, 『동양학』 50, 2011.

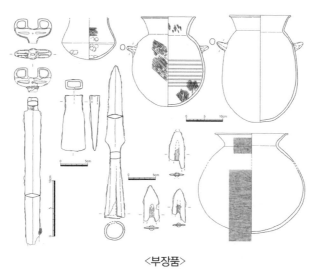

〈부장품〉

[그림 11] 울산 장현동유적 쌍조형촉각식검과 출토 유물

2010년 5월 31일부터 2011년 3월 25일까지 조사된 울산 장현동유적 IV지구 39호 목관묘에서 쌍조형 검자루끝 장식이 출토되었다.15) 애초에는 두 점 출토된 것으로 전해졌으나 하나는 검자루끝 장식의 여부조차 식별이 불가능할 정도로 부식된 상태이다. 현재로서는 쌍조형 안테나식검 한 자루로 보는 것이 타당하다. 검의 형태는 쌍조형 검자루끝 장식을 가진 목병철검이다.

유적은 울산광역시 북쪽 외곽에 있는 해발 142m의 황방산에서 동쪽으로 뻗어 내린 구릉의 말단부에 형성되어 있다. 청동기시대의 주거지, 삼한시대의 목관묘와 목곽묘, 고려 및 조선시대의 주거지와 무덤들이

---

15) 울산문화재연구원, 『울산 장현동유적 III』(IV지구 청동기·삼한·통일신라시대), 2013.
고상혁·이진영, 『울산장현동유적』(한국문화재조사연구기관협회 발표자료), 2011.
울산문화재연구원, 『울산 혁신도시 2구역 1차 유적 4차 발굴조사 약식보고서』, 2011.

구릉의 동, 남, 서쪽 사면에 분포한다. 동쪽으로 태화강의 지류인 동천 강이 북쪽에서 남쪽으로 흐른다. 북쪽으로 경주와 물길로 연결되어 있 어서 경주를 지나 영천, 경산, 대구와도 교통이 비교적 수월하며, 태화 강을 따라 바다로 곧바로 나갈 수 있다.

39호 목관묘는 구릉 서쪽 정상부의 비교적 평탄한 면에 독립적으 로 위치하며, 삼한시대 유구 중 가장 높은 곳에 위치한다. 평면형태 는 말각장방형이고, 장축방향은 등고선에 직교한다. 묘광의 길이 251cm, 너비 145cm, 깊이 51cm이고 목관은 길이 215cm, 너비 53cm, 깊이 26cm이다. 부장품으로는 양이부호, 주머니호, 단경호, 철부, 철모, 철촉 등이 있다. 발굴보고자는 주머니호 등의 토기를 기준으로 하여 목관묘의 연대를 1세기 초에서 2세기 중반으로 편년 하였다. 그러나 공반된 토기와 철기의 조합을 보면 임당, 내리리 등 영남지역에서 조사된 쌍조형촉각식검과 공반유물 양상에서 유사성 이 확인된다. 장현동 검의 연대도 이 두 유적과 유사할 것으로 짐작 된다.

2.12. 전 경상도

일제강점기 서울의 고물상 이케우치(池內)라는 사람이 1925년 여름 경상도에서 출토되었다며 박물관에 가지고 왔다고 보고된 것이다.16) 쌍조형촉각식검과는 다른 쌍환식의 전형적인 오르도스청동단검이며,

---

16) 朝鮮總督府, 『大正十一年度古蹟調査報告』(第二冊), 1925, pp.153~155, 도판 제 71. 또한 각주 17의 이건무 논문에는 1927년으로 되어 있으나 조선총독부 발행 위 서적의 본문에 대정14년 여름으로 되어 있다.

동검 표면에 수은이 입혀져 수은동(水銀銅)의 빛을 띠고 있
다. 보고 당시의 기록에는 쌍환두식의 장식이 있는 것이
북방의 예니세이강 상류나 미누신스크지방에 주로 분포한
다는 이유로 경상도 출토를 의심하는 의견이 제출되기도
하였다.

[그림 12] 전 경상도 촉각식동검

2.13. 전 충남

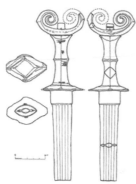

충남 해미에 거주하는 박준상씨가 1979
년 국립중앙박물관에 기탁한 수집품이다.
정확한 출토지는 알 수 없고 박씨가 충남의
해미에서 사업을 하여 왔고 수집한 유물들
중에는 덕산을 비롯한 충남 일원에서 출토
되었다고 전하는 것들이 많아 이 검도 충남
지역에서 출토되었을 것으로 추정하고 있을

[그림 13] 전 충남 촉각식동검 뿐이다.17)

앞에서 소개한 쌍조형촉각식검과는 달리 검자루끝 장식이 고사리처
럼 둥글게 말린 것이다. 검신의 모양은 세형동검과 유사하지만 검신,
검자루, 검자루끝 장식이 함께 주조된 연주식 동검이다.

---

17) 이건무, 「전충남출토 촉각식동검에 대하여」, 『석오윤용진교수정년퇴임기념논총』,
논총간행위, 1996, pp.157~172.

2.14. 일본 타츠우마고고자료관

일본 긴끼(近畿)지방 서북부에 위치하는 효고현(兵庫縣) 니시노미야시
(西宮市) 소재의 타츠우마고고자료관(辰馬考古資料館)에 전 평양 출토품으
로 알려진 쌍조형의 검자루끝 장식이 보관되어 있다.

이양수(국립중앙박물관) 사진 제공

[그림 14] 타츠우마고고자료관 소장 쌍조형 검자루끝 장식

앞에서 소개한 전 평양 출토품과 유사한 형식인데, 사진과 도면으로
는 양자가 같은 하나의 개체인지 혹은 가야모토가 평양부에서 출토되었
다고 서술했던 출토품 가운데 다른 하나인지는 확인할 수가 없다.

2.15. 영국 대영박물관소장품

대영박물관소장품은 김원룡에 의해 국내에 처음 소개된 것이다.18) 그
에 따르면 죠지 유모포퓰러스(George Eumorfopoulos: 1863~1939)가 소장했

---

18) 김원룡, 앞의 논문, 1970.
　　이건무, 『한국식 동검문화의 연구』, 고려대학교 박사학위논문, 2003.

던 것이 1936년에 대영박물관으로 이관되었다. 유모포퓰러
스는 유럽의 중세 및 르네상스 시대의 예술품 수집가인데,
1906년부터 중국, 일본, 한국의 고미술품을 수집하기 시작하
였고 1921년에 영국 동양도자협회(Oriental Ceramic Society)를
창설하여 초대 협회장이 되었다. 영미권에서 이 촉각식검이
소개된 글 가운데 가장 이른 시기가 1925년이니,[19] 쌍조형
촉각식검은 1906년과 1925년 사이에 수집되었음을 추정해
볼 수 있다.

[그림 15] 대영박물관 소장 쌍조형촉각식검

형식은 평양 토성리와 일본 가시와자키 및 게이오 출토품과 유사하
다. 검자루의 하단부까지 점열문(點列文)이 채워져 있고, 나팔모양의 검
격(劍格)에도 점열문이 가로로 배치되어 있다. 검신도 후기 세형동검의
특징을 뚜렷하게 보여주고 있다. 등대의 날과 마디, 검날의 결입부가
있고 검신 하반부는 좁아 들면서 검자루에 연결되어 있다. 등대의 날은
검신 하부까지 나있고 봉부도 매우 길다.

2.16. 기타

앞에서 소개한 촉각식검과 장식 외에 이와 관련될 것으로 보이는 검자
루 끝 장식이 두 점이 더 있다. 이것은 촉각식검으로 분류되지는 않지만
검자루 끝에 붙는 새와 동물장식이라는 점에서 공통적인 바 본고에 소개해
둔다.

---

19) W. Percival Yetts, *Bronzes, Burlington Magazine*, monographs, Pl.VIII, E., 1925.

하나는 전 평양 출토로 전해지는 고 이양선 박사의 수집품으로 현재 숭실대학교 기독교박물관에 보관되어 있다. 비파형동검과 세형동검의 +자형 검자루끝장식인데, +자의 양 끝이 한 쌍의 물새로 장식되어 있다. 부리와 눈, 날개 등이 잘 표현되어 있다. 쌍조형 검자루끝 장식과는 달리 두 마리의 새는 서로 바깥쪽을 바라보고 있다. 참고로 이와 유사한 것이 일본 쓰시마 시케노당(일본 국립역사민속박물관 소장)에서도 발견되었다.

다른 하나는 김해 양동리 출토 검자루끝 장식이다. 크게 보아 +자형 검자루끝장식에 해당하는데, +자의 한 획이 두 가닥으로 되어 있고, 여기에 네 마리의 말이 장식되어 있다. 말은 서로 바깥쪽을 바라보도록 배치되어 있다. 1969년 김해 주촌면 양동리 뒷산 목곽묘로 추정되는 유구에서 방격규구사신경(方格規矩四神鏡), 철검, 철모, 유리구슬, 회색연질 토기 등과 함께 출토되었다. 방격규구사신경의 상한 연대가 1세기경이므로 이 유적 역시 이 즈음에 형성되었으리라 짐작되며, 네 쌍의 말 장식도 이와 같으리라 생각된다.

<전 평양 출토>　　<일본 시케노당 출토>　　<김해 양동리 출토>

[그림 16] 기타 동물모양 검자루끝 장식

3. 촉각식검을 통해 본 동서 교류

앞장에서 출토 사례별로 살펴보았듯이 한반도에서 출토된 촉각식검은 첫째, 쌍조형의 검자루끝 장식을 특징으로 하는 쌍조형촉각식검, 둘째, 나비 등 곤충의 더듬이, 혹은 소용돌이나 고사리손 같이 안쪽으로 말려든 모양의 쌍와(雙渦)형촉각식검, 셋째, 전형적인 오르도스식의 쌍환형촉각식검으로 구분된다(<그림 17> 참조). 양식상에서 나타나는 특징을 종류별로 살펴보면 다음과 같다.

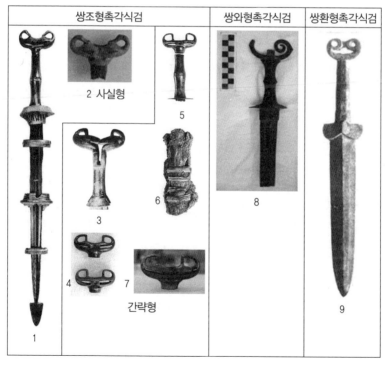

[그림 17] 한반도 출토 촉각식검의 종류

동북아시아의 쌍조형촉각식검은 쌍조형 검자루끝 장식의 생김새에 따라 다시 사실형과 간략형으로 대분된다.

사실형은 말 그대로 사실적으로 묘사된 두 마리의 새를 검자루 끝에 장식한 형태이다. 사실형은 다시 남만주식 사실형과 한반도식 사실형으로 나뉜다. 한반도형은 사실적으로 묘사된 새가 꼬리를 맞대고 몸을 반대방향으로 향하게 한 후, 목을 뒤로 돌려 자신의 등에 붙이고 있는 모양이다. 따라서 등과 목이 아치 모양으로 된 한 쌍의 투공을 자연스럽게 조성하고 있다. 새의 몸통, 눈과 부리, 좌우 대칭으로 배치된 한 쌍의 삼각형 투공과 중앙에 배치된 원형 천공(穿孔)이 잘 갖추어져 있다. 가장 먼저 알려진 사례의 유적이름을 따라 한반도식 사실형은 '비산동식 쌍조형촉각식검(혹은 비산동식 쌍조형안테나식검)'이라 부른다. 비산동식의 사실형에는 앞에서 살펴본 전 평양, 대구 신서동, 영천 용전리, 가평 달전리, 타쯔우마고고자료관소장품 등이 해당된다. 제작 방식은 검신, 검자루, 검자루끝 장식을 각각 따로따로 만들어 결합시키도록 되어 있는 별주식이다(<그림 17의 1, 2>).

남만주식 사실형은 두 마리의 새가 부리를 맞대고 서로 마주하고 서 있는 모양이다. 곡선으로 날개를 표현하였고, 정수리 부분에는 뒤로 제껴진 벼슬이 있다. 새의 깃털 등도 매우 사실적이다. 중국의 길림-장춘(吉林-長春지구, 이하 길장지구로 약칭)에서 발견되었으며, 한반도식 사실형과는 달리 검신과 검자주를 한꺼번에 주조한 연주식으로 제작되었다. 한반도에서는 아직 출토 사례가 없다(<그림 18> 참조).

간략형은 사실형에서 새의 머리 부분을 생략하고 깃털 등 특징적인 부분만 남긴 형태이다. 다시 '한반도식' 간략형과, 길장지구 및 중국 요령성 동북부를 중심으로 하는 요북지구에서 주로 발견되는 '남만주식'

간략형으로 구분된다.

한반도식 간략형은 사실형의 특징적 요소만 표현한 형태이다. 즉 부리와 머리가 생략된 두 마리의 새가 꼬리를 맞대고 몸을 서로 반대 방향으로 향하게 한 후, 목을 뒤로 돌려 약 90도 각도로 자신의 등에 내려놓고 있는 모양이다. 목과 등이 맞닿으면서 형성된 고리 모양의 구멍, 정 중앙에 배치된 작은 투공과 그 양 옆에 놓인 한 쌍의 삼각형 투공이 특징이다. 가장 먼저 알려진 유적이름을 따서 한반도식 간략형은 '지산동식 쌍조형촉각식검(혹은 지산동식쌍조형안테나식검)' 부른다. 앞의 출토 사례 가운데 전 대구 지산동, 대구 봉무동, 경산 임당동, 경산 내리리, 울산 장현동 등이 여기에 해당한다. 제작 방식은 사실형과 같이 별주식이다(<그림 17의 4>).

남만주식 간략형은 한반도식 간략형과 비슷하되 다만 몸통 부분에 단사선 무늬로 깃털을 표현하였고, 중앙의 작은 구멍을 중심으로 좌우 대칭으로 배치된 사각형 투공대신 검자루 방향으로 길게 T자 모양의 투공이 나 있다. 앞에서 살펴본 사례 가운데 토성동 486호, 대영박물관 소장품이 이에 해당한다. 제작 방식은 검신, 검자루, 검자루끝 장식이 한꺼번에 주조된 연주식이다(<그림 17의 3>).

쌍와형촉각식검은 달팽이 껍질 모양처럼 고리가 말려 들어간 형태의 소용돌이가 한 쌍으로 배치된 모양이다. 이런 형식의 검자루끝 장식은 아직 다른 지역의 출토 선례가 없다. 해외 사례가운데 할슈타트문화의 취리히(Zurich)식 청동검에서 나타나는 장식이 가장 유사하다.[20] 제작 방식은 검신과 검자루 부분을 한꺼번에 주조한 연주식인데, 검자루끝장

---

20) 김원룡, 앞의 논문, 1970, pp.17~19.

식은 따로 주조한 뒤 검자루 끝에 있는 장방형의 촉에 삽입하여 조립하도록 되어 있다[21](<그림 17의 5>).

오르도스의 쌍환형촉각식검은 문자그대로 오르도스지역에서 가장 흔하게 발견되는 촉각식검이다. 북방식 청동단검 가운데 쌍조두형 촉각식검이 있는데, 그 간략형이라고 할 수 있다. 앞의 쌍조형촉각식검과는 달리 검몸이 짧은 단검에 속한다(<그림 17의 6>). 한반도에서의 출토 선례는 아직까지 보고되지 않았고 일본 사가현(滋賀縣) 가미고덴(上御殿)유적[22]에서 2013년에 쌍환형촉각식검의 거푸집 발견 사례가 있다.

한반도에서 출토된 촉각식검의 특징은 검신, 검자루, 검자루끝 장식이 각각 따로따로 만들어진다는 형식학적 측면 외에 시기 혹은 지역에 따라 쌍조형의 검자루끝 장식만 청동제로 제작된 상태에서 검자루가 청동제나 혹은 목제로 대체되고, 검신은 청동제에서 철제로 변화한다는 점이다.

한편 동물을 모티브로 하여 장식하는 문화는 전 세계적으로 나타나며, 아시아의 경우는 대개 오르도스청동기문화가 대표적으로 거론되고 있다. 선행 연구자들이 촉각식검을 스키타이문화나 할슈타트문화 등과 연결시키는 것은 결과적으로 이들 문화가 오르도스를 거쳐 지역화되면서 동북아시아에서 발견되는 쌍조형 검자루끝 장식이 나타났다고 보기 때문이다.

촉각식동검이라는 명칭은 애초에 칼자루 끝이 나비나 달팽이의 코일처럼 감긴 촉각(Antenna) 모양으로 장식된 유럽의 할슈타트 청동단검을 가리켰다.[23] 오르도스 지역의 촉각식검은 검자루 끝이 한 쌍의 '새

---

21) 이건무, 앞의 논문, 1996, pp.157~159.
22) 滋賀縣文化財保護協會, 『上御殿遺跡發掘調査現地說明會資料』, 2013, pp.1~4.

1. 할슈타트촉각식검   2. 오르도스촉각식검   3. 남만주촉각식검(사실형)   4. 한반도촉각식검(사실형)

남만주촉각식검(추상형)   남만주촉각식검(간략형)   한반도촉각식검(간략형)

[그림 18] 지역별 촉각식검의 검자루끝 장식 모양

의 머리[鳥頭]'로 장식된 것으로서 할슈타트의 단검과는 다르다. 그리고 앞에서 살펴보았듯이 동북아시아에서 발견되는 촉각식동검은 검자루 끝이 '한 쌍의 새를 통째'로 하여 장식된 경우이다(<그림 18> 참조).

유럽의 할슈타트, 오르도스, 동북아시아의 촉각식검이 명칭에서 상호 연관되며, 검의 형식에서 상호 연관성을 갖지만 세부적인 면에서는 차이가 난다. 그리고 그 이유는 교류의 결과로 설명하기도 한다.

오르도스의 쌍조두식촉각식검(雙鳥頭式觸角式劍)은 중국 감숙성, 영하회족자치구, 내몽고자치구, 하북성 등 중국 서북부에 분포한다. 이들 지

23) A. F. Harding, *European Societies in the Bronze Age*, Cambridge, Cambridge University Press, 2000, p.278.

역은 초원지대의 유목경제 문화권에 포괄되며, 중국의 북방지역은 유목
문화와 황하 중류역의 농경문화가 만나는 문화접변지대였다. 따라서 이
지역에서 발전된 청동기문화를 북방계 청동기문화라고 하며 예전에는
오르도스청동기문화라고 하였다.24)

비록 오르도스에서 동북아시아의 쌍조형촉각식검이 발견되지는 않았
으나, 모경구유적(毛慶溝遺蹟), 도홍파랍유적(桃紅巴拉遺蹟) 등 오르도스문
화를 대표하는 유적의 단검 중 쌍조형 검자루끝 장식과 연결되는 부분
이 있고, 일부는 비파형동검을 닮은 것들이 있다. '촉각식단검'으로 불
리는 이들 검은 연주식이며 검자루 끝 부분이 '새의 머리' 부분으로 장
식되어 있다. 즉 '쌍조두형(雙鳥頭形)' 촉각식단검이다. 이 점에서 오르도
스문화의 촉각식단검은 쌍조형촉각식, 즉 한 쌍의 새를 모티브로 한 검
자루끝 장식과는 다르다. 그러나 오르도스의 촉각식단검도 시간에 따라
간략화되어 추상화되며, 한 쌍의 고리 장식을 특징으로 한다. 그 연대
도 동북아시아 보다는 이르다는 점에서 쌍조형촉각식검은 오르도스문
화로부터의 영향을 간접적으로나마 시사하고 있다.

그런데 촉각식단검은 요서에서 감숙성 동부에 이르는 소위 장성지대
(長城地帶) 중단(中段)에서 기원전 7세기에서 6세기에 등장하며, 몽고, 알
타이, 미누신스크 분지 등에서는 기원전 6세기 말에서 5세기에 출현한
다.25) 동북아시아의 쌍조형촉각식검 가운데 최고식(最古式)으로 거론되
고 있는 것은 교하(蛟河) 양리지(洋犁地) 출토품이다. 양리지촉각식검의
검신은 늦은 시기의 비파형동검을 닮아서 오르도스 지역의 쌍조두식 단

---

24) 강인욱, 「중국 오르도스청동기의 개념과 초기연구에 대한 검토-骨董學에서 신중
국 성립이전까지」, 『중국사연구』 56, 중국사학회, 2007.
25) 烏恩岳斯圖, 『北方草原考古學文化比較硏究 : 靑銅時代至早期匈奴時期』, 科學出版社, 2008.

검 보다는 시기가 다소 늦을 것으로 생각된다. 물론 남산근유적이나 하가점유적 등의 예와 같이 비파형동검문화와 수수단검(獸首短劍)을 특징으로 하는 유목문화가 융합한 흔적은 훨씬 일찍부터 나타난다. 그러나 이것이 동북아시아에서 보이는 독특한 형식의 쌍조형으로 발전한 것은 이로부터 훨씬 후대의 일로 생각된다.

한편 동북아시아에서 발견되는 쌍조형촉각식검은 주로 흑룡강성, 길림성, 요령성 동부, 연해주 남부, 한반도 전역과 일본 쓰시마와 북부 규슈 지역에 분포한다(<지도 1>).

흑룡강성의 경우 대령향(大嶺鄕) 신흥촌(新興村) 아성(阿城)에서 출토되었고, 길림 일대의 경우 교하(蛟河) 신농향(新農鄕) 신농촌(興農村) 양리지(洋梨地), 오랍가(烏拉街) 왕둔(汪屯), 서황산둔(西荒山屯) 화전(樺甸), 동요(東遼) 석역(石驛) 채람촌(彩嵐村), 동요(東遼) 석역(石驛) 장흥촌(長興村), 유하(柳河) 대천안(大泉眼), 통화(通化) 금창진(金廠鎭), 장백현(長白縣) 간구자(干溝子) 비기령(飛機嶺) 등에서 출토되었다. 요령성의 경우는 서풍(西豊) 서차구(西岔溝), 본계(本溪) 박보(朴堡), 신빈현(新賓縣) 왕청문진(旺淸門鎭) 용두산(龍頭山) 석개묘(石盖墓), 무순현(撫順縣) 석문진(石文鎭) 와방촌(瓦房村) 등에서 발견되었다. 연해주 남부의 경우는 니콜라예프카유적에서 러시아학자에 의해 수습되었다.[26] 길림 일대에서 조사된 것이 비교적 이른 시기의 것에 해당되며, 요령성에서 출토된 것이 늦은 시기에 해당된다.

일본지역의 경우 쓰시마(對馬島) 미네무라(峯村) 미네(三根) サカドウ, 쓰시마 미네무라(峯村) 미네(三根) 다까마스노당(高松檀), 사가현(佐賀縣) 카라쯔시(唐津市) 카시와자키(柏崎)에서 출토되었다. 게이오대학에서 카

---

26) 강인욱, 「최신 고고유물로 본 연해주 남부 옥저문화권의 대외교류」(2016년 고대 동북아 민족의 고고와 역사 발표문), 2016, 경희대학교 인문학연구원.

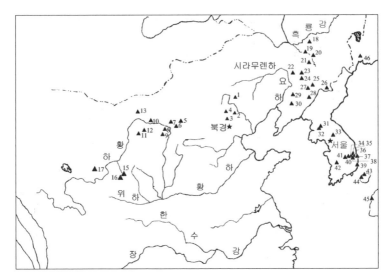

1. 赤峰 2. 東南溝 3. 軍都山 4. 北辛堡 5. 崞縣窯子 6. 毛京溝 7. 和林格爾 8. 西溝畔
9. 速機溝 10. 包頭 11. 納林高兔 12. 阿魯柴登 13. 呼魯斯太 14. 桃紅巴拉 15. 馬庄 16.
于家庄 17. 楡樹溝 18. 大嶺溝 19. 汪屯 20. 洋犁地 21. 西荒山 樺甸 22. 西岔溝 23. 長興
24. 彩嵐 25. 大泉眼 26. 飛機溝 27. 龍頭山 28. 金廠鎭 29. 瓦房 30. 朴堡 31. 평양
토성리 32. 평양 33. 달전리 34. 대구 신서동 35. 경산 대리리 36. 영천 용전리 37.
경산 임당동 38. 대구 지산동 39. 대구 봉무동 40. 대구 비산동 41. 대구 신서동 42.
예산 43. 三根 サカドウ 44. 三根 高松檀 45. 唐津 柏崎 46. 연해주 니콜라예프카

[지도 1] 동아시아 촉각식검의 출토 위치

시와자키 출토품과 유사한 동검이 보관되어 있다. 형식상 모두 비파형
동검의 검신부 및 세형동검의 검신부와 닮아 있다.

유럽의 할슈타트 촉각식검과 오르도스 및 동북아시아의 촉각식검의
관계에 대해서 우메하라(梅原末治)와 같은 학자는 쌍조형촉각식검을 모
두 한(漢)에서 제작한 것으로 보았지만[27] 대개는 교류의 결과로 본다.
즉, 중앙아시아로 전파된 이후 중국 동북쪽으로 유입되었고 다시 한반

---

27) 梅原末治, 「朝鮮に於おける漢代の遺跡」, 『大正十一年古蹟調査報告』 2, 1923.
　　梅原末治, 「有柄銅劍の一新例」, 『考古學雜誌』 17-9, 1927.

도를 경유하여 일본 규슈로 전달되었다고 추정하고 있다.[28]

그런데 쌍조형촉각식검은 분명 북방 청동기문화의 영향을 받은 것은 명확하지만 그 제작 주체는 북방청동기를 만든 집단과는 다른 것으로 보는 것이 타당하다. 김정학은 전 비산동과 전 평양 출토품을 소개하고, 쌍조형의 검자루끝 장식이 한반도에서 발전하여 남만주지역과 규슈지역으로 전파된 것으로 추정한 바 있다.[29]

필자는 별고[30]에서 동북아시아에서 출토된 촉각식검과 오르도스 및 유럽의 촉각식검을 분석한 적이 있는데, 세 지역의 촉각식검은 고유의 양식을 가지고 있었다. 이는 이들 지역이 어떠한 형식으로든 서로 영향을 주고 받는 가운데 지역 고유의 촉각식검문화를 발전시켰음을 보여준다.

유럽의 경우는 한 쌍의 고리에 검자루끝의 장식 중앙에 때로는 사람이 걸터 앉아 있는 모습을 하고 있는 것이 특징이다. 오르도스의 경우는 한 쌍의 고리를 두 마리의 새 머리로 구성하고 있다. 동북아시아의 경우는 한 쌍의 새를 통째로 하여 구성하되, 후에는 사실적으로 표현한 새를 간략·단순화 시키는 형태로 변화한다.

앞에서 본 바와 같이 유럽의 할슈타트문화의 촉각식검과 동북아시아의 촉각식검은 형태 및 연대상 상호 직접 연결되었을 것 같지는 않다. 할슈타트문화에서 보이는 촉각식검과 동북아시아의 촉각식검을 연결하는 지역은 분포권역을 기준으로 보면 중국의 감숙성, 영하회족자치구,

---

28) 高橋健自, 『銅鉾銅劍の硏究』, 聚精堂, 1925.
　　龍溪顯亮, 「金石竝用期における 唐津地方の遺跡と遺物」, 『松浦史料』 1, 1939.
　　김원룡, 앞의 논문, 1970.
　　岡崎敬, 「觸角式有柄銅劍」, 『末盧國−佐賀縣唐津市 東松浦郡の考古學的調査硏究』, 六興出版, 1982.
29) 김정학, 앞의 책, 1972.
30) 박선미 외, 앞의 논문, 2012.

[그림 19] 평양 토성동(좌) 연해주
니콜라예프카(우)

내몽고자치구, 하북성 등 이다. 이 들 지역을 중간 고리로 하여 유럽과 한반도를 포함한 동북아시아가 간접적으로 상호 연결되었을 것이다. 아마도 기원전 5세기경에 두 마리의 새를 사실적으로 묘사한 '사실형'이 길림 교하 양리지에서 처음 등장하였고 여기에서 변천된 '간략형'과 '추상형'이 서풍(西豊)·본계(本溪)·신빈(新賓)·화전(樺甸)·오랍가(烏拉街) 등의 중국 동북지역, 연해주 남부, 평양, 큐슈의 사가현(佐賀縣) 카즈와자키(栢崎) 등에 영향을 주었을 것이다.

특히 최근에 보고된 연해주 남부 니콜라예프카의 쌍조형촉각식검은 평양 토성동 486호 목곽묘 출토품과 형식면에서 일치하여 주목된다. 나팔모양의 검격에 세 줄의 단사선무늬, 검자루의 톱니모양 무늬와 쌍조의 표현, 세형동검의 검신 형태는 거의 동일할 정도로 유사하다(<그림 19>).[31]

남만주식 쌍조형촉각식 검의 분포가 주로 부여의 외곽지역에 한정되어 있다는 것을 감안하면 연해주 남부지역에서의 출토는 놀라울 일은 아니다. 다만 니콜라예프카 출토품이 알려지기 전에는 평양 토성동 출토품이 토착세력에 의한 모방품일 것으로 생각되었으나 니콜라에프카 출토로 재고의 여지가 생겼다. 즉 이 두 자루의 닮은꼴 쌍조형촉각식검이 부여에서 제작되어 각각 연해주 남부와 평양의 정치체에 사여되었을 가능성과 평양에서 제작되어 연해주 남부로 들어갔을 가능성이다. 어느

---

31) 니콜라예프카 촉각식검은 새의 한쪽 부분이 결실된 것으로 남아 있는 부분을 이용하여 복원된 것임(강인욱, 앞의 논문, 2016).

경우에 해당하는지에 대해서는 향후 정밀한 연구가 필요하다.

한편 동북아시아의 쌍조형촉각식검은 외부에서 직수입되었다기보다는 동물을 모티브로 하는 북방청동기문화의 영향을 받은 토착집단 혹은 토착의 정치 엘리트에 의해 재창조되었다고 보인다. 사실적으로 묘사된 쌍조형촉각식검을 모티브로 하여 길림 일대의 정치 엘리트가 쌍조형촉각식검을 제작하였다고 볼 수 있다. 토성동 486호 목곽묘와 니콜라예프카에서 보이는 바와 같이 이러한 경향은 평양과 연해주 남부 일대의 정치체에게도 영향을 주었을 것인데, 연대상으로 보면 위만조선이 관여했을 가능성이 높다. 또한 가평 달전리유적의 예와 같이 위만조선 멸망 이후 인구가 이동하면서 경기도 가평을 거쳐 영남지역으로의 유민 이주가 발생한 것으로 보이는데, 영남지역에서 발견되는 쌍조형 촉각식검의 연대가 늦은 것은 이와 관련될 것으로 생각된다.

한반도식 쌍조형촉각식검에서 또 한가지 주목되는 것은 영남지역에 쌍조형촉각식검이 밀집되어 있고 이들이 물길을 통해 서로 쉽게 교통이 가능한 지점에 위치해 있다는 점이다. 출토 유물 등을 통해 추정해 보면 대구, 경산, 영천 일대에 존재했던 정치체들이 쌍조형촉각식검을 제작, 공유함으로써 특정한 형태의 네트워크를 구성하였다고 생각된다. 즉, 제작기법상에서 나타나는 공통점은 쌍조형촉각식검을 제작하는 전문 장인이 있었고, 그 제작은 엘리트들에 의해 후원되는 동시에 외부로의 반출이 극히 제한되고 있었음을 시사해준다. 쌍조형촉각식검은 특정 집단에 의해 분배 혹은 공유되었고, 이것은 이를 소유한 집단 간의 어떤 표식이 되었을 것이다.

쌍조형촉각식검을 표식으로 하는 이러한 네트워크는 요동-길림-연해주 남부-한반도에 존재하였을 정치체를 중심으로 형성되었을 것이다.

그리고 이 네트워크는 다시 촉각식검의 형식에 따라 요동-길림-연해주 남부-평양을 잇는 그룹과 평양-가평-영남-쓰시마를 잇는 그룹으로 구분되었을 것이다. 게이오대학소장품, 쓰시마 및 규슈 등에서 발견된 쌍조형촉각식검으로 미루어 보면 이러한 네트워크는 쓰시마와 북부 규슈의 정치체에게도 영향을 주었다고 생각된다.

4. 맺음말

본문에서는 한반도에서 출토된 촉각식검을 살펴보고, 이들을 요동 및 길림 일대에서 출토된 촉각식검과 오르도스 초원지역의 촉각식검 및 유럽의 촉각식검과 비교 검토하였다. 한반도의 촉각식검은 1) 쌍조형촉각식검, 2) 쌍와형촉각식검, 3) 쌍환형촉각식검으로 분류된다. 이 가운데 쌍조형촉각식검이 주류를 이루고 있으며, 이것은 다시 새의 모양을 사실적으로 표현한 '사실형'과 새의 특징만을 간략화 하여 묘사한 '간략형'으로 나뉘어진다. 흥미로운 점은 유럽, 오르도스, 요동-한반도의 촉각식검이 검자루끝 장식에 동물을 모티브로 하였다는 점에서 공통점을 보이면서도 더듬이모양, 쌍조두모양, 쌍조모양 이라는 세부적인 면에서는 차별성을 보여준다는 것이다.

또한 한반도의 촉각식검은 요동 및 길림 일대, 연해주 남부, 일본의 쓰시마와 규슈 일대에서 출토된 쌍조형촉각식검과 깊은 연관성을 보이고 있었다. 필자는 이를 요동-길림-연해주 남부-한반도에 분포하는 쌍조형촉각식검의 소유집단이 특정한 정치 혹은 교역의 네트워크를 조성한 결과로 파악하였다. 이 네트워크는 다시 촉각식검의 형식에 따라 요동-길림-연해주 남부-평양을 잇는 그룹과 평양-가평-영남-쓰시마를 잇는 그룹으로 구분하였다. 규슈 등에서 발견된 쌍조형촉각식검으로 미루어 보면 이러한 네트워크는 일본내륙에도 영향을 주었을 것이다.

필자는 촉각식검의 속성에서 교류를 주목하였다. 촉각식검은 집단 간 교류에서 문화 수용자가 어떻게 기능하였는가를 잘 보여준다. 유럽, 북방초원, 한반도의 촉각식검에는 '문화의 아이디어 전파' '수용과 재창조' '인구의 이동에 의한 문화의 수용과 변용' 등이 모두 나타난다. 촉각식검을 소유한 집단의 성격, 이들 집단 간의 관계와 이들 사이에 존재했을 네트워크, 단위 집단 내에서의 쌍조형촉각식검이 갖는 의미를 알아보는 것은 지역 간, 혹은 지역을 초월한 인류의 교역망을 이해하는 데에 유용하다.

참고문헌

강인욱, 「최신 고고유물로 본 연해주 남부 옥저문화권의 대외교류」(2016년 '고대 동북아
    민족의 고고와 역사' 학술대회 발표자료집), 경희대학교 인문학연구원, 2016.

강인욱, 「중국 오르도스청동기의 개념과 초기연구에 대한 검토-骨董學에서 신중국성
    립이전까지」, 『중국사 연구』 56, 중국사학회, 2007.

경상북도문화재연구원, 『대구신서혁신도시 B-1 3북구역 유적』(본문) (사진) , 2011.

고상혁 · 이진영, 『울산장현동유적』(한국문화재조사연구기관협회 발표자료), 2011.

국립경주박물관, 『李養璠博士蒐集文化財』, 통천문화사, 1986.

국립경주박물관, 『永川 龍田里 遺蹟』, 2007.

김원룡, 「조형안테나식 세형동검의 문제」, 『백산학보』 8, 1970.

金廷鶴, 『韓國の考古學』, 河出書房新社, 1972.

박선미 외, 「동북아시아 쌍조형안테나식검의 성격과 의미」, 『영남고고학보』 63, 2012.

박선미, 「교역품의 양적 분석을 통한 위만조선의 완충교역 연구」, 『동양학』 50, 2011.

영남문화재연구원, 『대구 봉무동 유적 III』, 2010.

울산문화재연구원, 『울산 장현동유적 III』(IV지구 청동기 · 삼한 · 통일신라시대), 2013.

울산문화재연구원, 『울산 혁신도시 2구역 1차 유적 4차 발굴조사 약식보고서』, 2011.

윤광수, 「토성동 486호 나무곽무덤 발굴보고」, 『조선고고연구』 4, 1994.

이건무, 「전충남출토 촉각식동검에 대하여」, 『석오윤용진교수정년퇴임기념논총』, 논
    총간행위, 1996.

이건무, 『한국식 동검문화의 연구』, 고려대학교 박사학위논문, 2003.

한국문화재보호재단, 『경산 임당유적(VI)-E지구 고분군』, 1998.

한림대학교박물관, 『가평 달전리 유적-토광묘』, 2007.

한빛문화재연구원, 『경산 내리리 유적I』, 2011.

W. Percival Yetts, *Bronzes, Burlington Magazine*, monographs, Pl.VIII, E., 1925.

F. Harding, *European Societies in the Bronze Age*, Cambridge, Cambridge
    University Press, 2000.

岡崎敬, 「觸角式有柄銅劍」, 『末盧國-佐賀縣唐津市 東松浦郡の考古學的調査研究』, 六興
    出版, 1982.

高橋健自, 『銅鉾銅劍の硏究』, 聚精堂, 1925.

龍溪顯亮, 「金石立用期におけゐ 唐津地方の遺跡と遺物」, 『松浦史料』 1, 1939.

梅原末治, 「朝鮮に於おける漢代の遺跡」, 『大正十一年古蹟調査報告』 2, 1923.

梅原末治, 「有柄銅劍の一新例」, 『考古學雜誌』 17-9, 1927.

榧本龜生, 「靑銅柄付鐵劍及の靑銅製飾柄頭に就いて」, 『考古學』 7-9, 日本考古學會, 1936.

小田富士雄, 「一鑄式銅劍覺書-下關市立考古博物館」, 『硏究紀要』 1, 1997.

烏恩岳斯圖, 『北方草原考古學文化比較硏究 : 靑銅時代至早期匈奴時期』, 科學出版社, 2008.

滋賀縣文化財保護協會, 『上御殿遺跡發掘調査現地說明會資料』, 2013.

朝鮮總督府, 『大正十一年度古蹟調査報告』(第二冊), 1925.

알타이 지역 고대 암각화 속의 기마 전사 연구*

장 석 호

동북아역사재단 책임연구위원

1. 머리말

알타이 산맥을 중심으로 한 중앙아시아의 고대[1] 바위그림[2] 속에는 흥미롭게도 말[3]을 타고 활이나 깃발, 그리고 창을 든 기마 전사들이 집

---

* 이 글은 「알타이 지역 고대 암각화 속의 기마전사 연구」, 『몽골학』 제 43호(한국몽골학회, 2015)를 통해서 이미 발표된 것이다.

1) 여기에서 고대는 흉노시대(기원전 3세기)부터 투르크 시대(AD745) 사이의 약 10세기 동안을 이르는 말이다. 이 시기에 한반도의 북부 지역에는 고조선과 부여 그리고 고구려와 발해 등이 차례로 존속하였다.

2) '바위그림'이란 말은 선사 및 고대의 인류가 한데(위가 열린 바깥) 바위에 그린 그림을 통칭한 것이다. 이 속에는 '쪼기'와 '갈기' 그리고 '새겨서 그리기' 등의 기법을 이용하여 그린 소위 '암각화'와 각종 안료로 그린 '암채화'가 모두 포함되어 있다. 그리고 이 글 속에 자주 등장하는 '암각화'라는 말은 둘 중의 전자만을 칭한 것이다.

3) J.C.블록 지음/ 과학세대 옮김, 『인간과 가축의 역사』, 도서출판 새날, p.143. J.C.블록은 다섯 종류의 가축 중에서 말이 가장 마지막으로 가축이 되었으며, 먼 거리를 이동할 수 있는 움직임이 빠른 유제류로 진화하여 왔고, 타고난 빠른 속도와 견인 능력 덕분에 인간에게 이용되고 개량되어 왔다고 한다.

중적으로 그려져 있다. 말을 탄 기마 인물상은 청동기 시대부터 그려지기 시작하였으나<그림 1>,4) 활을 든 전사 형상은 기원 전후기부터 등장하기 시작하였다. 그러나 고대 투르크 시대가

[그림 1] 기마사냥꾼(후렝 우주르 하단 올)

되면서부터는 활 대신에 깃발이나 창을 들고 또 마면갑과 마갑으로 무장한 말을 탄 전사, 즉 '개마무사(鎧馬武士)'로 그림의 제재가 바뀌었다. 또한 이 시기에 그려진 일부 암각화 속에는 창을 든 개마무사가 상대방을 공격하는 장면도 그려져 있다.

그런데 이와 같은 기마전사 형상들은 비단 고대 암각화 속에서 뿐만 아니라 같은 시기에 축조된 고분 벽화나 생활용구 가운데서도 확인되고 있다. 또한 고분 속에서 출토된 부장품 중에는 테라 코타로 만든 개마 무사들도 살필 수 있는데,5) 이러한 예들로써 알타이 지역을 중심으로 한 중앙아시아 고대 미술의 핵심적인 제재 가운데 하나는 기마 전사였음을 알 수 있고, 이러한 도상 자료들로써 당시의 알타이를 비롯한 중앙아시아 지역의 사회상황은 민족 간의 갈등과 전쟁 등이 빈번하였음도

4) D.체벤도르지, 「오브스 아이막 암각화의 세계」, 『몽골 서북부 지역의 암각화』, 동북아역사재단, 2009, p.100.

5) А.Очир, Л.Эрдэнэболд, С.Харжаубай , Х.Жантегин(2013), Эртний нүүдэлчдий н Бунхант Булшны Малтлага Судалга, МУ-ШУА ТХ, Улаанба атар, 2013, pp.127~144.

추정할 수 있다.

따라서 이 글에서는 우선 말과 인류의 상관성을 검토한 다음, 기원 전후기부터 고대 투르크 시대에 이르기까지 알타이를 중심으로 한 주변 지역에 남겨진 바위그림과 그 밖의 조형예술 속의 기마 전사 형상들을 소개하고자 하며, 아울러 그 조형성을 분석해 보고자 한다. 이를 통해서 암각화 속에 표현된 기마 전사 형상의 조형 규범 및 시대 양식의 특징 등을 밝혀보고자 한다. 나아가 동일한 양식의 분포권과 그것이 지니는 문화사적 함의, 지역 간의 상관성, 그리고 양식상의 선후 관계 등을 검토하면서, 이들 형상 속에 투영된 시대상을 밝혀 보고자 한다.

2. 말과 인류의 상관성

말이 조형 예술 속에 처음으로 등장한 것은 까마득히 오래 전 석기 시대의 일이다. 역사상 인류가 남긴 가장 오래된 말 형상은 쇼베 동굴 (Grotte de Chauvet, Chauvet cave) 속에 그려진 것이다. 주지하는 바와 같이 쇼베 동굴은 1994년 12월에 프랑스 남동부 아르데슈(Ardèche) 지역의 콤브다르크(Combe d'Ark)에서 쟝 마리 쇼베(Jean Marie Chauvet)에 의해 발견되었다.[6] 이 속에는 이미 멸절되어 지구상에 존재하지 않는 매머드, 동굴사자, 동굴곰 등을 비롯하여 12개 동물들이 형상화되어 있으며, 그 가운데는 여러 마리의 말들이 그려져 있다<그림 2>. 이

---

6) JEAN CLOTTES, *L'ART DES CAVERNES*, Phaidon, 2008, p.32~51.

[그림 2] 말들(쇼베동굴)

동굴 속의 그림들은 지금으로 부터 약 35,000년 전에 그려진 것으로 추정된다.7)

또한 프랑스의 유명한 라스코 동굴(Grotte de Lascaux) 속에도 '중국 말'로 명명된 말 형상이 그려져 있고8), 퐁 드 곰 (Font-de-Gaume)9)이나 그 밖의 여러 동굴 속에서 말 형상이 그려져 있다. 우랄의 카포바야 동굴(Kapovaya peshera) 속에도 매머드를 비롯하여 말 형상들이 그려져 있으며,10) 러시아 케메레보의 톰 강변에 위치하는 톰스카야 피사니차(Tomskaya pisanitcha)11)나 레나 강변에 소재하는 쉬쉬키노(Shishkino)- 바위그림 속에도 붉은 물감으로 그려진 구석기 시대의 말 형상이 그려져 있다고 한다.12)

그 후, 후속하는 시대에도 말은 사람들의 관심권에서 벗어난 적이 없었다. 말은 이미 신석기 시대 말이나 청동기 시대 초기에는 가축화되었다고 추정되는데,13) 물론 당시에는 승용이나 견인용이 아니라 고기를 얻기 위한 목적으로 사육된 것으로 보인다.14) 말이 식용을 목적으로 가

7) Jean Clottes, *World Rock Art*, The Getty Conservation Institute, Los Angeles, 2002, pp.44~45.
8) 요코야마 유지 지음, 장석호 옮김, 『선사예술기행』, 사계절, 2004.
9) Louis-René Nougier, *L'ART de Préhistoire*, La Pochothèque, 1993, p.170~172.
10) О.Н.Вадер, *Каповая пещера*, НАУКА, М., 1965, pp.5~22.
11) А.П.Окладников, А.И.Мартынов, *Сокровища Томских Писаниц*, Искусство, М., p.143, pp.176~179.
12) А.П.Окладников, В.Д.Запорожская(1959), *Ленские Писаницы*, НАУКА СССР, М-Л., 1959, p.86~88.
13) 장 드니 비뉴 지음, 김성희 옮김, 『목축의 시작』, 알마, 2014, p.35~36.

축화되었다는 견해는 설득력을 지닌 것으로 보이는데, 그 이유는 우크
라이나의 데레이프카(Dereivka) 유적이나 카자흐스탄의 보타이(Botai) 유
적 등지에서 출토된 동물의 뼈 가운데 말이 차지하는 비율이 다른 동
물에 비하여 압도적으로 많기 때문이다.15) 그 중에서도 후자인 카자
흐스탄의 보타이 유적에서는 출토된 뼈 가운데 99.9%가 말뼈라고 한
다.16) 이들 두 유적은 대략 기원전 4,000년기에서 기원전 3,000년기
사이에 남겨진 것으로 보는데,17) 이로써 말이 가축화된 시기를 가늠
한 것이다.

말이 지닌 특별한 능력, 즉 빠르게 달리거나 무거운 짐을 운반할
수 있는 힘이 있음에 주목하고, 그것을 이용하기 시작한 것은 보다
늦은 시기이다. 기승용보다는 견인용으로 이용한 것이 보다 더 이르
며, 이는 바퀴의 발명과 결부되어 있다. 바퀴가 발명된 것은 메소포타
미아로 추정되나 카프카스에서 중앙유럽 사이의 어디쯤에서 발명된 것
으로 보는 설도 있다.18) 그 시기는 대략 기원전 4,000년기 중엽으로 추
정되며,19) 이때는 나무를 옆으로 잘라서 만든 판 바퀴였고, 살이 있는
바퀴는 기원전 2,000년기에 접어들면서 발명되었다.20) 마차 또는 전차

---

14) J.C.블록, 앞의 책, p.143.
15) 藤川繁彦 編, 『中央ユーラシアの考古學』, 同成社, 1999, p.31.
16) 林俊雄, 「草原の考古學」,『東北アジアの歴史と文化』, 北海道大學出版會, 2010,
    pp.106~108.
17) 에릭 힐딩거 지음, 채만식 옮김, 『초원의 전사들』, 일조각, 2008, p.23; 林俊雄, 앞
    의 글, pp.106~108.
18) ピゴット(1976), 「人類最初の車」,『別冊特集サイエソス: 考古學文明の遺産』(藤川繁
    彦 編, 『中央ユーラシアの考古學』, 同成社, 1999, p.50에서 재인용).
19) 베이징대륙교문화미디어 기획 및 엮음/ 양성희 옮김, 『역사를 뒤흔든 대이동 7가
    지』,현암사, 2010, p.27. 기원전 4,000년경 우크라이나의 데레이프카 유적 출토
    말뼈 중에 재갈 물린 흔적이 있는 것을 근거로, 고대 인도-유럽인은 6,000년 전
    에 야생마를 길들였고, 또 말을 이용하여 수레를 끌었던 것으로 보았다.

[그림 3] 재갈 등(알타이대학교 박물관)

는 기원전 2,000년에서 기원전 1,000년 사이에 근동지역 군대의 중추적 역할을 한 것으로 보인다.21)

말의 가축화 과정에서 주목해야 할 가장 중요한 마구는 재갈<그림 3>이다. 재갈이 개발됨에 따라 자유로운 기마가 가능하게 되었다. 학계에서는 말 재갈의 발명 시기를 둘러싼 논의가 활발히 전개되었는데, 일부 연구자들은 이미 앞에서 소개한 우크라이나의 데레이프카나 카자흐스탄의 보타이 등의 유적 가운데서 발견된 마모된 말 어금니가 재갈에 의해 생긴 흔적이라고 보았으나, 이에 대해서는 반론이 더 설득력을 얻고 있는 것으로 보인다.22) 그러나 금속제 재갈은 청동기 시대 말이나 철기 시대 초엽에 개발된 것으로 보인다.23) 금속제의 재갈이 개발됨에 따라 말을 타고 가축을 이끄는 기마 유목민족들이 중앙유라시아의 초원 지역에 비로소 그 모습을 드러내게 된 것이다.24)

기원전 6세기경에 트라키아들은 기병 전투마를 키웠으며, 이로써 트라키아 경장기병이 등장하게 되었다.25) 실질적인 받침을 갖춘 안장은

20) 藤川繁彦 編, 앞의 책, p.50.
21) 에릭 힐딩거, 앞의 책, p.23.
22) 藤川繁彦 編, 앞의 책, pp.46~49; 林俊雄, 앞의 글, p.106~109.
23) 林俊雄, 앞의 글, p.110.
24) 베이징대륙교문화미디어 기획 및 엮음/ 양성희 옮김, 앞의 책, 2010, p.28; 스기야마 마사아키 지음, 이경덕 옮김(2013),『유목민의 눈으로 본 세계사』, 시루, p.43. 스기야마 마사아키는 유목기마민족이 출현한 것을 기원전 800년경으로 보고 있다.
25) 베이징대륙교문화미디어 기획 및 엮음/ 양성희 옮김, 앞의 책, 2010, p.50.

스키타이족에 의해서 만들어진 것으로 보이나, 그 이후의 흉노와 사르
마타이족도 이를 이용하였을 뿐만 아니라 이들은 갑옷까지 갖추어 입고
기마전을 벌였던 것으로 보인다.26) 말을 자유로이 탈 수 있었던 기마
유목민족들은 안장이나 등자의 필요성을 그다지 느끼지 못하였던 듯하
다. 그것은 그들이 남긴 그림이나 조각품 가운데 안장이나 등자가 살펴
지지 않기 때문이다.27) 등자는 말을 탈 때 딛기 위한 목적에서 고안된
것이며 처음에는 왼쪽에 하나만 있었던 것이다.28) 그것은 4세기경 중
국에서 시작되어29) 7세기경에는 서아시아로 전해진 것으로 본다.30) 에
릭 힐딩거도 등자는 안장보다 훨씬 더 늦은 6세기경에 아바르족이 사용
했던 것으로 보았다.31)

　힘이 세고 빠르게 달리는 말에 재갈을 물리고, 또 안장에 등자까지
갖추게 되자, 사람은 말 위에서 자유자재로 움직일 수 있게 되었으며,
이에 의해서 소위 '파르티안 샷(Parthian shot)'이 가능하게 되었다.32) 등
자를 딛고 말을 탈 수 있게 됨으로써 몸을 뒤로 돌려 활을 쏠 수 있게
된 것이다. 이렇듯 재갈과 안장, 그리고 등자 등 마구가 개발됨에 따라
서 말 등위에서 폭이 넓은 검과 창을 휘두르면서 자세를 유지할 수 있
게 된 것이다.33) 기마전이 빈번해 짐에 따라서 갑옷과 투구를 쓴 전사

26) 에릭 힐딩거, 앞의 책, p.27.
27) 佐原眞, 『騎馬民族は來なかった』, 日本放送出版協會, 1998, p.7.
28) 佐原眞, 앞의 책, 1998, p.8.
29) 宮脇淳子, 『モンゴルの歷史』, 刀水書房, 2002, 6쪽; 니시노 요시히로 지음, 김석
　　희 옮김, 『말과 황하와 장성의 중국사』, 북북서, 2007, pp.84~85; D.체벤도르지
　　는 흉노인들이 최초로 쇠 등 금속제 등자를 만들어서 사용했다고 주장하였다(D.
　　체벤도르지, 앞의 글, p.101).
30) 佐原眞, 앞의 책, p.8.
31) 에릭 힐딩거, 앞의 책, p.28.
32) 佐原眞, 앞의 책, pp.8~9.

뿐만 아니라 마갑을 입힌 말도 등장하게 되었는데, 그것은 로마군이 1세기경에 목격한 사르마타이족의 전사였다.[34] 이렇듯 인간이 가축화한 말과 발명한 마차 그리고 각종 마구들이 흥미롭게도 선사 및 고대 미술 속에는 고스란히 형상화되어 있다.

3. 고대 조형 예술 속의 기마전사상

3.1. 암각화 속의 기마전사상

1) 레나 강변 쉬쉬키노 바위그림 속의 기마전사

레나 강변의 쉬쉬키노 바위그림 속에는 석기시대부터 고대 투르크 시대에 이르기까지 오랜 기간에 걸쳐 제작된 형상들이 여러 겹으로 층위를 이루며 차례로 덧그려져 있다. 그 가운데는 깃발을 든 기수(знаменосец)와 전사들도 살필 수 있다.

기수는 말을 타고 한 손으로는 깃발을 든 모습<그림 4-1>이고, 또 전사는 활을 들었거나 혹은 활 통을 메고 말을 탄 모습이다. 기수가 타고 있는 말은 몸통에 비해 상대적으로 작은 머리에 둥글게 발달한 가슴, 비교적 홀쭉한 배, 앞뒤다리를 교차시킨 네 개의 도식화된 다리 등을 하고 있다.[35]

---

33) 에릭 힐딩거, 앞의 책, p.29.
34) 에릭 힐딩거, 앞의 책, p.9.
35) С.П.Нестеров, *Конь в культах тюркоязычных племен Центральной Азии в эпоху средневековья*, НОВОСИБИРСК, 1990, p.25.

| 4-1(쉬쉬키노) | 4-2(쉬쉬키노) |

[그림 4] 쉬쉬키노 바위그림 속의 기마전사

특이하게도 말의 갈기는 세 개 내지 네 개씩 세모 또는 네모꼴로 돌기되어 있는 모습이며, 어떤 말에는 입에 고삐가 매어져 있기도 하고, 목에는 또 장식 방울이 달려 있다. 말을 탄 기수나 전사들은 주로 오른손으로는 고삐를 잡고, 또 왼손으로는 깃발을 들었으며, 소수의 기마전사들은 등에 활 통을 메고 있다.

이와 같은 기마 전사들을 연구자들은 쿨르이간(kuligan, 骨利干)의 전사로 본다.[36] 기수가 든 깃발은 세로가 긴 직사각형의 위와 가운데 그리고 아래에 각각 띠 장식 술이 달려있다. 깃발은 긴 막대의 윗부분에 매달려 있는데, 어떤 것은 바람에 날리는 모습<그림 4-2>을 나타내기도 하였다.

---

36) А.П.オクラドニコフ著, 加藤九祚譯(1968), 『黃金のトナカイ: 北アジアの岩壁畵』, 美術出版社, pp.135~140.

2) 페치쉐 강변 술렉크 암각화 속의 기마전사

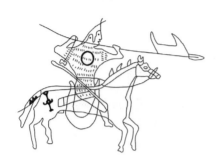

러시아의 하카시야공화국 서북쪽에 있는 술렉크 암각화 유적지 가운데 한 바위 표면에는 선으로 새겨서 그린 그림들이 집중되어 있다. 이 바위 가운데는 사슴과 산양을 사냥하는 장면을 비롯하여 서로 싸우는 낙타, 사슴무리를 쫓는 세 마리의 사냥개,

[그림 5] 기마 전사(술렉크)

맹수, 도보사냥꾼, 마차, 새 등과 더불어 기마 전사들이 그려져 있다. 기마 전사들은 모두 갑옷을 입고 투구를 쓴 모습이며, 창을 들고 적을 공격하려 하거나 혹은 어딘가로 이동하고 있는 모습 등을 하고 있다.

기마전사가 타고 있는 말 가운데는 마면갑이나 마갑이 그려져 있는 것도 있다. 말의 갈기는 예외 없이 세 개 또는 네 개의 소위 '톱날' 또는 '이빨'처럼 생긴 돌기무늬가 시문되어 있으며, 입에는 재갈과 더불어 고삐가 매어져 있다. 말에는 안장이 채워져 있다. 몇몇 말들은 꼬리를 줄로 묶었으며, 엉덩이 부분에는 낙인(타마그)이 찍혀져 있거나 갖가지 장신구들로 치장하기도 하였다. 기마전사는 대부분 고삐를 쥐고 있으나, 일부 전사는 양손으로 창을 들고 있기도 하다. 창의 끝에는 세모꼴의 창머리가 달려있으며, 그 바로 아래에는 장식 술이 달려있다<그림 5>. 어떤 전사는 허리에 대도를 차고 있기도 하다.

3) 포드카멘스카야 피사니차(Подкаменская Писаница)

미누신스크 분지의 포드카멘스카야 피사니차 속에는 활을 든 기마

전사 형상 두 개가 그려져 있
다. 갈기는 간략하게 표현하였
으며, 전사는 물론이고 말도
매우 역동적인 모습을 하고 있
는데, 그와 같은 움직임은 활
을 든 전사의 모습과 말의 앞
뒤다리를 통해서 표현되었다
<그림 6>. 즉 말의 앞발 중 하
나는 앞으로 뻗었고, 다른 하

[그림 6] 기마전사(포드카멘스카야 피사니차)

나는 무릎을 구부린 모습이며, 뒷다리도 하나는 앞으로 다른 하나는
뒤로 벌린 모습이다. 이렇듯 앞뒤다리를 서로 엇갈리게 하거나 또 구
부린 모습을 통하여 말이 빠르게 걷고 있는 모습, 즉 움직임을 구현할
수 있었다. 말 다리의 이와 같은 동작감을 타쉬트이크 고분에서 출토
된 나무판의 선각화를 통해서 살필 수 있는데, 연구자들은 이런 유형
의 동물 양식을 '타쉬트이크 예술 양식(Таштыккский художественны
й стиль)'이라 칭하고 있다.37) 기마 전사는 변발을 하고 있는 것으로
보인다.

4) 차간카(Чаганка)

잘 알려진 것처럼 산지 알타이(Gorno-Altai) 지역의 암각화 가운데는
이른 청동기시대부터 인류학 시대에 이르기까지 제작 시기가 서로 다른
형상들이 때로는 같은 바위 표면에 그려져 있기도 하고, 또 때로

---

37) Д.Г.Савинов, *О Происхождении таштыкского стиля, Древнее искусс
тво Азии-Петроглифы*, КГУ, 1995, pp.6~10.

7-1	7-2

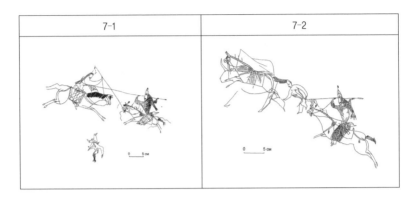

[그림 7] 기마 전투 및 기마전사(차간카,
고르노알타이)

는 다른 바위에 개체적으로 그려져 있기도 하다. 이 가운데는 스키타이-사르마트 시대 이후, 즉 흉노시대에서 고대 투르크 시대 사이에 걸쳐 그려진 형상들도 확인되고 있다. 이들은 그 주제는 물론이고 기법이나 양식의 측면에서 볼 때도 그 이전에 그려진 형상들과는 판이하게 다른 독창성을 띠고 있다.

이 시기에 그려진 형상들 속에는 기마 사냥꾼을 비롯하여 기마전사들이 적지 않게 그려졌는데, 그것들은 대체적으로 선으로 그어서 그렸으며, 무언가 동작이 진행되고 있는 순간을 포착하여 그렸다. 따라서 이 시기에 그려진 형상들은 유난히 움직임이 강조되어 있다.[38]

---

38) Екатерина Дэвлет/ Чжан Со Хо(2014), *Каменная летопись Алтая*, ИА РАН/ФИСВА, Москва, 64~69쪽; 장석호(2010), 「중앙아시아 고대 암각화와 고구려 고분벽화의 주제 및 양식 비교 연구」, 『중앙아시아연구』 15호, 중앙아시아학회, pp.318~319.

특히 차간카 암각화 유적 속에 그려진 기마인물상은 당시 사냥꾼이나 전사의 모습과 전투 장면, 마구 등에 대한 여러 가지 정보를 제공하여 주는데, 이로써 당시의 사회상황에 대한 개략적인 파악이 가능하다.

이 암각화 속의 한 바위에는 말을 탄 기마사냥꾼이 산양을 쫓으며 사냥하는 장면이 그려져 있다. 또 다른 바위에는 기마 전투 장면이 그려져 있는데<그림 7-1>, 오른쪽의 전사가 왼쪽 전사의 복부를 창으로 찌르고 있고, 왼쪽 전사는 창으로 적이 타고 있는 말의 머리를 찌르고 있는 모습이다. 또 다른 바위에는 말에서 떨어진 적을 창으로 찌르는 기마 전사의 모습이 그려져 있다<그림 7-2>. 이 장면에서 전사는 갑옷과 투구로 무장을 하였으며, 두 손으로 긴 창을 치켜들고 적의 허리춤을 공격하는 모습을 보여주고 있다. 말에서 떨어진 전사의 풀어진 머리카락과 불안정한 모습, 그리고 밑으로 떨어지는 투구 등을 통하여 당시의 상황이 얼마나 극적이었는지 엿볼 수 있다. 기마 전사가 단독으로 그려진 것도 있는데, 이 형상에서는 말도 마갑으로 무장을 한 모습이다<그림 7-3>.

5) 잘그이즈 토베(Жалгыз-Тобе)와 카라 오유크(Кара-Оюк)

알타이의 잘그이즈 토베와 카라 오유크 등지의 암각화 속에서도 선으로 그린 개마무사 형상이 여러 점 확인되었다. 우선 잘그이즈 토베에는 마면갑과 격자무늬의 마갑으로 무장을 한 말 위에 역시 갑옷으로 무장을 한 무사가 타고 있는데, 그는 장창으로 보병을 공격하는 모습<그림 8-1>이다. 또한 카라 오유크에서도 역시 마면갑과 마갑을 두른 말 위에 갑옷과 투구로 무장을 한 기마병이 타고 있으며, 그는 여분의 말

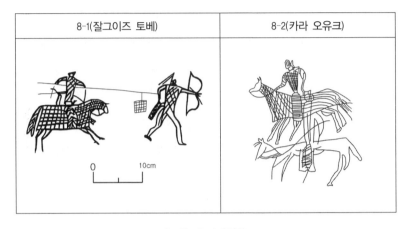

| 8-1(잘그이즈 토베) | 8-2(카라 오유크) |

[그림 8] 기마전사

을 한 필 더 끌고 가는 모습<그림 8-2>으로 그려져 있다.[39]

6) 몽골 고비 알타이 돈드 햐린 혼드(Dond Khyarin Khond)
암각화 속 기마전사

몽골 고비알타이 아이막 바양 올 솜의 돈드 햐린 혼드 암각화 유적에
는 두 개의 흥미로운 기마전투 장면들이 그려져 있다. 이 둘은 모두 하
나의 바위 표면에 그려져 있지만, 각각 서로 다른 장면을 보여주고 있
다. 바위의 오른쪽에는 창기병들이 서로 대치하고 있는 장면이 그려져
있는데, 두 명의 창기병은 오른쪽에서 왼쪽으로 향하고 있으며, 왼쪽에
는 한 명의 창기병이 오른쪽의 두 명과 맞서 있는 모습<그림 9-1>이다.
오른쪽의 창기병 둘은 모두 댕기머리를 하고 있고, 각각 삼각형의 깃
발이 달린 창을 들고 있으며, 그 중에서도 앞에 있는 창기병은 여분의

---

39) K.Tashbaeva, M.Khujanazarov, V.Ranov, Z.Samashev(2001), *Petroglyphs of Central Asia*, Bishkek, pp.151~217.

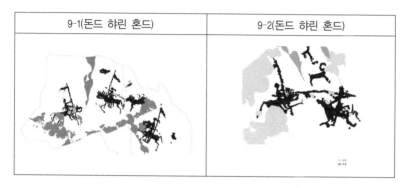

9-1(돈드 햐린 혼드)	9-2(돈드 햐린 혼드)

[그림 9] 기마전사 및 기마전투

말 한 필을 더 끌고 있다.[40] 두 필의 말 모두 세 개씩 톱날과 같은 갈기 장식이 나 있다. 뒤의 창기병에게는 여분의 말이 보이지 않는다. 왼쪽 에서 오른쪽으로 향해 서 있는 창기병도 여분의 말은 없으며, 창을 들고 오른쪽의 두 창기병과 마주 서 있는 모습이다. 말의 입에는 고삐가 매어져 있으나, 갈기의 장식은 이끼로 인하여 살필 수 없다. 모든 말은 앞뒤 각각 하나씩 두 개의 다리가 그려져 있으며, 그 중의 오른쪽 앞 기 마병이 타고 있는 말의 다리는 '〈〉'형의 모습을 하고 있다.

또 하나의 장면<그림 9-2>은 같은 바위표면의 왼쪽에 그려져 있는 데, 창기병들이 서로 싸우고 있는 모습이다. 왼쪽의 창기병은 창을 들고 마상에 앉아 있는 모습이지만, 오른쪽의 창기병은 두 손으로 창을 꼬나들고 왼쪽의 적을 향해 창으로 찌르려는 순간을 형상화해 놓았다.

---

40) 에릭 힐딩거, 앞의 책, 25쪽; 르네 그뤼쇠 지음/ 김성수 옮김, 『칭기스칸』, 간디서 원, 2011, p.87. 여분의 말은 유목민들에게 매우 중요한 역할을 하였다. 그들은 이동하면서 여분의 말을 끌고 다녔고, 또 타던 말이 지치면 타던 말을 바꿔서 탔 다. 칭기스칸이 메르기트 족에게 쫓길 때 만약을 위하여 여분의 말을 끌고 갔지 만, 아내 보르테는 내버려 두었다고 한다.

왼쪽 말은 입에 고삐가 매달려 있고 또 갈기에는 톱날 모양의 장식 무늬가 그려져 있다. 오른쪽 창기병의 창끝에는 깃발 장식이 달려있다.

7) 몽골 호브드 아이막 조스틴 하드(Zostin Khad)[41] 암각화 속의 기마전사

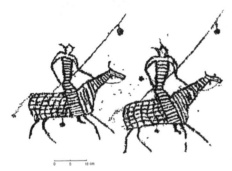

[그림 10] 개마무사(조스틴 하드)

호브드 아이막 호브드 시로부터 서북쪽으로 100km 지점에 위치하는 에르뎅 부렝 솜에는 조스틴 하드 암각화가 있다. 이 암각화는 1971년에 향토 사학자 신후(M.Шинэхүү) 등이 발견하였고,[42] 이후 D.도르지와 E.노브고로도바 등에 의해 학계에 정식으로 보고되었다.[43] 이 암각화 속에는 여섯 개의 개마무사 형상이 그려져 있다. 그 중의 둘은 미완성이고, 나머지 넷은 모두 투구와 갑옷을 입고 또 창을 든 전사가 마면갑과 마갑으로 무장한 말을 타고 있는 모습<그림 10>이다. 기마전사 중 셋은 오른 손으로 창을 쥐고 있고, 왼손으로는 고삐를 잡고 있다. 여섯 마리 중 제일 위에 그려진 두 필의 말은 도식화되었으나 걷는 모습이고, 또 배(腹) 밑에는 등자로 여겨지는 동그라미가 달려있다.

바로 그 아래에 있는 또 하나의 기마전사 형상은 다른 다섯 개의 형

---

41) 일부 연구자들은 이 유적지를 '하르 하드(Khar Khad, 검은 바위)'라고 부른다.

42) 장석호, 『몽골의 바위그림』, 도서출판 혜안, 1995, p.59.

43) Д.Дорж, Э.А.Новгородова, *Петроглифы Монголии*, ШУАХ, Улаанбаатар, 1975, p.8.

상과는 달리 오른쪽에서 왼쪽으로 이동하는 모습이다. 말 위의 기마전사는 앞에서 살펴 본 전사처럼 투구와 갑옷 그리고 창으로 무장을 하고 있지만, 타고 있는 말의 다리 모습은 나머지 다른 말들과는 달리 앞뒤 두 다리를 각각 앞뒤로 나란히 펴고 있는 모습이다. 기마전사가 들고 있는 창의 끝에서 약간 아래쪽에는 둥근 술 장식이 달려 있다.

8) 몽골 으문고비 아이막 놈곤(Номгон) 솜 소재 차간 톨고이(Цагаан Толгой) 암각화

오유(Оюу) 톨고이에서 동북쪽으로 30km 정도의 거리에 '차간 톨고이'라고 불리는 암각화 유적이 있다. 이 암각화 유적에는 모두 38개의 암각화가 그려져 있다. 이 암각화 가운데는 사람, 말, 기마상, 기호 등의 형상들이 그려져 있지만, 그 중에서도 가장 중심적인 제재는 말이며, 그것은 여러 가지 양식으로 그려져 있다. 이는 곧 이 유적의 형상들이 저마다 서로 다른 시기에 그려졌음을 의미하는 것이다. 이 유적은 2001년부터 2002년, 그리고 2005년 등 세 차례에 걸쳐 몽골과학아카데미 고고학연구소의 D.체벤도르지 소장을 단장으로 하는 조사대에 의해 조사되었다.44)

이들 형상 가운데서도 눈길을 끄는 것은 깃발을 든 기마상이다. 이 형상은 매우 치졸하게 그려졌으며, 말 위에 탄 기수도 도식적으로 그려져 있다. 그러나 이 형상이 주목을 끄는 것은 기수가 두 손으로 들고 있는 깃발 때문이다. 기수는 깃발이 달린 깃대를 대략 45도 정도 엇비슷

---

44) Д.Цэвээндорж, Д.Гарамжав, Б.Гүнчинсүрэн, Я.Цэрэндагва, Ж.Гантулга, Ч.Амартүвшин, Т.Мөнхват(2010), Ханбогдын Хадны Зураг, Улаанбаатар, p.6.

하게 들고 있는데, 직사각형의 깃발은 깃대 끝의 약간 아래에 달려 있다. 이 기수가 들고 있는 것과 같은 모양의 깃발을 쉬쉬키노 등 이미 앞에서 예로 든 암각화 유적들 가운데서 살펴본 바 있다.

9) 카자흐스탄 바양 주레크(Bayang Zureg)와 에쉬키올메스(Eshkiolmes) 그리고 쿨자바스이(Kulzabas'i) 암각화 속의 기마전사

바양 주레크는 카자흐스탄의 알마티 주 카팔(Капал) 마을에서 동북쪽으로 약 25킬로미터 지점에 위치하는 유적이다. 유적은 해발 1,300미터의 고지에 위치하며, 그림은 총 연장 약 2킬로미터에 걸쳐 그려져 있다.[45] 이 암각화 유적지 속에는 투르크 전사가 창을 들고 적과 싸우는 장면이나 창을 든 기마 전사<그림 11-1> 등이 그려져 있다. 전사는 머리에 술이 달린 모자를 쓰고 있으며, 손에는 긴 장창을 들고 있고 또 허리에는 무기를 차고 있다. 전사가 타고 있는 말은 추상화되어 있으나 갈기에는 예의 '톱날' 모양의 장식이 뚜렷이 새겨져 있고, 또 일부 말의 목에는 방울 장식도 달려 있다. 안장이 있는 것과 없는 것이 동시에 관찰되지만, 안장은 대부분 등받이가 있는 의자처럼 표현되었다.[46]

제트이수(Zet'isu) 지역의 에쉬키올메스(Ешкиолмес) 암각화 유적지는 코크수(Коксу) 강의 오른쪽 기슭에 위치해 있다. 탈드이코르간(Талдыкорган)에서 남쪽으로 약 20킬로미터 떨어져 있으며, 총 연장 3킬로미터에 걸친 산줄기의 여기저기 흩어져 있는 바위에 그림이 그려져 있다.[47] 이 암각화도 여러 시기에 걸쳐 그려졌는데, 그 가운데는 투르

---

45) 동북아역사재단·카자흐스탄교육과학부 마르굴란 기념 고고학연구소, 『카자흐스탄의 바위그림』, 동북아역사재단, 2011, p.190.
46) 에릭 힐딩거, 앞의 책, pp.27~28.
47) 동북아역사재단·카자흐스탄교육과학부 마르굴란 기념 고고학연구소, 앞의 책, p.234.

11-1(바양 주레크)	11-2(에쉬키올메스)
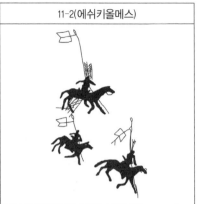	

크 시대의 기마 전사 형상들도
포함되어 있다. 그 중에서도 특
히 눈길을 끄는 것은 깃발을 든
세 명의 기마 전사 형상<그림
11-2>이다. 세 명 모두 깃발(또는
창)을 들고 있고, 안장과 고삐 등
도 살필 수 있다. 기마상 셋 중의
둘의 머리에는 선으로 된 장식이
달려있다.[48)]

11-3(쿨자바스이)

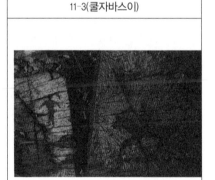

[그림 11] 기마전투, 전사들, 기수

　쿨자바스이(Кулжабасы) 암각
화 유적은 알마티에서 서쪽으로 200킬로미터 떨어진 쿨자바스이 산맥
에 위치하고 있다. 마리코프스키(П.И.Мариковский)를 비롯하여 카자
흐스탄의 저명한 연구자들이 조사·연구하였으며, 동북아역사재단과
카자흐스탄 마르굴란 기념 고고학연구소가 2009년에 공동으로 조사

---

48) K.Tashbaeva, M.Khujanazarov, V.Ranov, Z.Samashev, 앞의 책, p.185.

를 하였다. 청동기 시대부터 투르크 시대에 이르기까지 여러 가지 제재와 주제의 형상들이 다양한 양식으로 그려져 있다.[49) 그 가운데는 특히 눈길을 끄는 것은 투르크 시대의 기수(знаменосец) 형상<그림 11-3>이다.[50)

10) 키르기스스탄의 잘트이라크 타쉬(Zalt'irak Tash)와 사이말르이 타쉬(Saimal'i Tash) 암각화 속의 기마전사

키르기스스탄의 탈라스 계곡 잘트이라크 타쉬(Жалтырак-Таш) 암각화 유적지 속에는 중세 초기의 기마전사와 보병 등 10여 개의 형상들이 그려져 있다. 그것들은 모두 가느다란 선으로 그려져 있으며, 그 중의 일부는 윤곽선 내부를 격자무늬로 장식하였다.[51) 기마전사는 모두 긴 창을 들고 있는데, 창끝에는 깃발 또는 술 장식이 달려 있다. 전사들의 머리는 새 깃털 모양의 장식이 달려 있는 모자를 썼다. 말의 갈기는 뚜렷하지는 않지만, 예의 '톱날' 장식이 나 있으며, 또 턱 밑에는 술 장식도 달려 있다<그림 12-1>.

사이말르이 타쉬(Сай малый Таш) 암각화 유적지는 키르기스스탄의 남부 잘랄 아바드 주의 쿠가르트 강과 카자르만(Кажарман)에서 남서쪽으로 45킬로미터, 아타이(Атай) 마을에서 18킬로미터 지점에

49) 동북아역사재단·카자흐스탄교육과학부 마르굴란 기념 고고학연구소, 앞의 책, p.324.
50) 동북아역사재단·카자흐스탄교육과학부 마르굴란 기념 고고학연구소, 앞의 책, p.76.
51) Ч.М.Жолдошов, Изображение вооружения в средневековых петроглифах Кыргызстана // Материалы и исследования по археологии Кыргызстана 1, Бишкек, 2005, pp.67~68.

12-1(잘트이라크 타쉬)	12-2(사이말르이 타쉬)
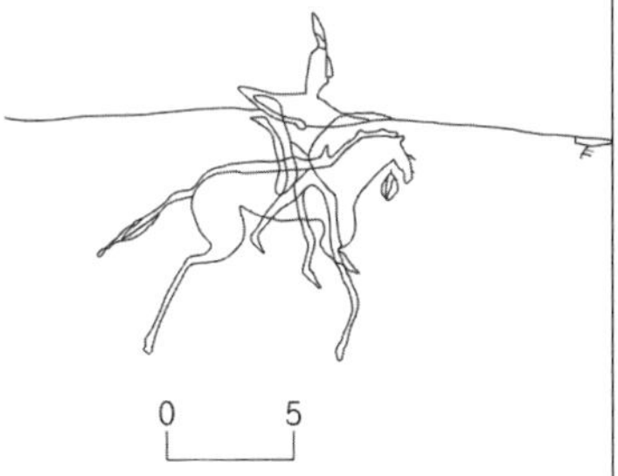	

[그림 12] 기마전사와 깃발을 든 기마전사

위치해 있다. 이 유적지의 해발 고도는 3,500미터에서 3,550미터 사이이며, 그림은 이른 청동기 시대부터 중세기에 이르기까지 오랜 기간에 걸쳐 그려졌다. 그림의 중심 주제는 태양 신상을 중심으로 한 의례, 동물과 사람의 풍요와 다산 등이다. 그림 가운데는 중세기의 기마전사 형상이 두 곳에서 살펴진다. 그 중의 하나는 칼(палаш)과 깃발을 들고 있으며, 말은 갈기 장식이 표현되어 있고 또 다리를 서로 엇갈리게 하여 움직이는 듯한 모습<그림 12-2>이다.[52] 다른 하나는 기마 전사가 빠르게 말을 달리면서 활을 쏘는 모습이다.

11) 중국 영하 다마이디(大麥地, Damaidy) 암각화 속 기마전사

중국 감숙성 영하에 있는 다마이디에도 레나 강변의 쉬쉬키노나 카자흐스탄의 쿨자바스이 암각화 속에서 살펴본 바와 같은 깃발을 든 기수가 새겨져 있다. 말을 탄 기마전사가 들고 있는 깃발은 쉬쉬키노나

---

52) Ч.М.Жолдошов, 앞의 글, p.67~69.

쿨자바스이의 예와 같이 세로 방향이 긴 사각형에 띠 장식이 달려 있으며, 그것을 긴 막대에 매단 모습<그림 13>이다. 말과 기수 등은 매우 도식적으로 그려져 있다.

[그림 13] 기수(다마이디)

3.2. 고대 고분 벽화 속의 기마전사 형상

1) 타쉬트이크(Tasht'ik) 고분 속의 기마전사

남부시베리아의 타쉬트이크 무덤에서 출토된 나무판에는 기마 전사들이 빠르게 이동하는 장면이 그려져 있다. 여러 명의 기마 전사들은 투구로 여겨지는 모자를 쓰고 있거나 혹은 상투처럼 머리를 묶은 모습이다. 전사들은 한 손으로는 활을 들었으며, 다른 한 손으로는 고삐를 힘차게 잡아당기면서 빠르게 이동하는 모습<그림 14>이다. 기마병의 머리 모양, 입은 옷 등은 아마도 당시에 전사들이 착용하였던 전투복으로 보인다. 그 이유는 나무판에 새겨진 형상들이 모두 같은 복장을 취하고 있기 때문이다.

타쉬트이크의 나무판에 그려진 이와 같은 형상들 중에서 말들은, 앞에서 살펴본 '포드카멘스카야 피사니차' 속의 말이나 고비 알타이 아이막 우인츠 솜 야마느이 오스(Yaman'i Us) 암각화 속에 그려진 마차 행

[그림 14] 기마전사(타쉬트이크)

럴도<그림 15> 가운데 말들이 취하고 있는 것과 같은 모습이다. 이 나
무판 선각화 가운데 그려진 말들은 한결같이 매우 빠르게 달리고 있는
모습인데, 그것은 이미 앞에서 지적한 것처럼, 앞발 중의 하나는 앞으로
쭉 내디뎠고, 다른 하나는 무릎을 구부렸으며, 두 개의 뒷다리도 하나는
앞으로 다른 하나는 뒤로 서로 엇갈리게 표현함으로 형상화되었다.

이렇듯 다리의 모습에 변화를 줌으로써 기마 전사들이 타고 있는 말
들은 매우 빠르게 달리는 모습을 조형예술의 형식으로 구현할 수 있게
되었다. 그런데 이처럼 빠르게 달리는 모습은 구석기 시대의 동굴벽화
를 비롯하여 바로 전 시기인 스키타이 시대의 조형예술, 즉 '스키토-시
베리아의 동물 양식' 가운데서도 살필 수 없었던 획기적인 변화이고

[그림 15] 기마행렬도(야마느이 오스)

16-1(안악3호분)	16-2(덕흥리)

16-3(삼실총)

또 새로운 창안이었다. 이렇듯 조형 예술 속에서 움직이는 모습, 즉 말들이 달리는 모습이 형상화된 배경은 말 재갈이나 안장, 그리고 등자 등 마구의 비약적인 발달과 직·간접적으로 관련이 있다.

[그림 16] 기마전사, 마사희, 기마전투

2) 고구려 고분벽화 속의 기마전사

기원전 4세기 중반에 축조된 고구려의 안악3호분 속에는 다양한 장면의 벽화들이 그려져 있으며, 그 가운데는 '기마행렬도'도 그려져 있다. 앞뒤로 취악대, 호위무사, 기수, 그 밖의 많은 수행원들을 대동하고 이동하는 무덤 주인공의 나들이 모습을 형상화한 것이다. 그 중에는 마갑과 마면갑을 두른 말을 타고 이동하는 중무장의 군인들, 즉 개마무사들도 같이 그려져 있다<그림 16-1>. 무사들은 모두 붉은 술 장식이 달린 긴 창을 비스듬히 꼬나들고 있다.

덕흥리 고분 속에도 안악3호분과 유사한 주제의 벽화들이 장식되어 있다. 이 고분벽화 가운데는 역시 무덤주인공 및 그가 많은 시동들을 대동하고 나들이를 하는 행렬도가 그려져 있다. 물론 행렬도 가운데는 술장식이 달린 창을 비켜든 개마무사들도 함께 그려져 있다. 뿐만 아니라 이 고분벽화 가운데는 말을 타고 활을 쏘는 기마병들의 훈련 장면도 그려져 있다. 그런데 이들 말과 기수들은 빠르게 달리면서 각각 고개를 뒤로 돌리고 있기도 하고 또 전사들이 뒤를 돌아보면서 활을 쏘고 있는 모습도 그려져 있다<그림 16-2>.

초기 고분 중의 하나인 삼실총 가운데는 성 밖에서 적과 싸우는 모습(공성도) 두 장면이 그려져 있다. 하나는 두 명의 전사가 벌이는 육박전이며, 다른 하나는 두 명의 개마무사가 창을 들고 벌이는 전투의 모습<그림 16-3>이다. 이 중에서 기마전투도는, 투구와 갑옷으로 무장을 하고 또 창을 비켜든 전사가 역시 마갑 및 마면갑을 두른 말 위의 또 다른 개마무사를 공격하는 모습이다.

3) 쿠드이르게(kud'irge) 고분 출토 기마 인물상

고르노 알타이(Gorno Altai)의 출르이쉬만(Chul'ishman)과 바쉬카우(Bashkhau) 등 두 강이 합류하는 지점에는 쿠드이르게(kud'irge) 고분이 있다. 이 고분 속에서 두 개의 흥미로운 도상 자료가 발견되었는데, 하나는 무덤의 주인으로 추정되는 남녀주인공들 앞에 포로를 끌고 온 군인이 그려져 있다<그림 17-1>. 무덤 주인공들은 정면을 향해 앉아있으며, 다른 형상들에 비해 크고 또 정교하게 그려져 있다. 포로는 묶인 채 무릎을 꿇은 모습이며, 또 군인과 타고 온 말, 그리고 포로 등은 모두 옆모습이다. 말갈기는 역시 세 개의 톱날 무늬를 선으로 표현하였다. 또 다른 하나는 안장에 선으로 그린 사냥 장면이다. 말을 탄 사냥꾼이

17-1(쿠드이르게)	17-2(쿠드이르게)
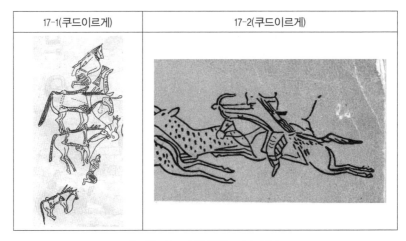	

[그림 17] 포로와 말들, 기마 사냥

동물을 추격하는 장면인데, 이 말의 다리는 앞에서 살펴본 무용총 수렵
도 속의 말이나 사슴 등과 같이 앞뒤로 쭉 뻗으면서 달리는 모습<그림
17-2>이다.

4) 몽골 볼간 아이막 쇼론 봄바가르 고분 속 토우

몽골의 볼간(Bulgan) 아이막(Aimag) 바양노르(Bayan Nor) 솜의 올란
헤름(Ulaan Kherm) 근처에 있는 쇼론 봄바가르(Shoron Bombagar) 고분은
투르크 시대에 축조된 것으로, 무덤의 연도(羨道)에는 청룡과 백호가 그
려져 있었고, 무덤방(墓室)의 벽에는 사원, 기마상 등이 그려져 있었다.
또한 무덤 속에는 100개를 넘는 토우들과 더불어 비잔틴계 금화들이 같
이 부장되어 있었다.53) 그런데 토우 가운데는 다수의 말과 더불어 마갑
으로 무장한 개마들도 같이 확인되었다.

---

53) А.Очир, Л.Эрдэнэболд, С.Харжаубай , Х.Жантегин(2013), 앞의 책, pp.14~16.

4. 기마전사 형상의 조형성 분석

검토 대상으로 삼은 형상은 모두 28개이며, 그 가운데서 바위그림 속에 그려진 것은 21점이고, 무덤 벽화 속에 그려진 것은 6점, 토제 개마무사는 1점 등이다. 이들 28점 중에서 전사는 모두 20점이었으며, 깃발을 든 기수는 6점이었다. 전사 중에서도 창기병은 14점이었고, 활을 든 궁수는 5점이었다. 갑옷과 투구를 모두 갖춘 전사는 13점이었으며, 마갑과 마면갑을 두른 말은 9점이 확인되었다. 안장이 그려진 것은 9점이었고, 등자가 그려진 것은 1점이 확인되었다. 말의 다리 모양에서 움직임을 나타낸 것은 8점이었으며, 갈기가 톱날처럼 표현된 것은 10점이었다. 그 밖에도 여분의 말을 끌고 있는 모습은 2점, 대도를 차고 있는 모습도 2점, 뒤로 돌아보며 활을 쏘는 모습도 1점 등이 확인되었다.

전사는 기본적으로 활이나 창[54]을 들었는데, 궁수보다는 창기병이 압도적으로 많이 그려져 있었다(약 71%). 전사들이 들고 있는 창의 길이는 지역에 따라 달랐는데, 신체 길이와 같은 것에서부터 키보다 배 이상 긴 것에 이르기까지 다양하였다. 창의 끝(銅鉾)은 대체적으로 뾰족하게 표시되어 있으며, 그 약간 아래에는 사각형, 타원형 등 지역에 따라 다른 모양의 술 장식이 달려 있었다. 전사들은 창을 비스듬히 비껴 세우고 있거나 말과 나란히 옆으로 꼬나쥐고 있는 모습, 그리고 두 손으로 치켜들고 찌르려는 모습 등으로 표현되어 있다. 전사들이 들고 있

---

54) 후베르트 필저/ 김인순 옮김, 『최초의 것』, 지식트리, 2012, p.103. 후베르트 필저는 인간이 무기로서 창을 만들어 썼던 것은 약 40만 년 전으로 거슬러 올라간다고 하고, 독일의 니더작센 쇠닝겐에서 고고학자들이 나무창 8개를 발견했는데, 이는 인류 역사상 가장 오래된 무기로 길이는 180cm에서 250cm에 사이라 한다.

는 활은 간단한 선으로 표현되어 있으나, 크기와 휘어진 모양 등을 놓고 볼 때 복합궁에 근사한 것으로 볼 수 있다.

모두 20점에 이르는 전사 중 갑옷을 입은 형상은 13점인데, 이는 전체의 약 65%에 이르는 수치이다. 갑옷과 투구로 무장한 전사들은 대부분 가느다란 선으로 새겨서 그렸으며,55) 조스틴 하드의 개마무사처럼 쪼아서 그린 형상은 다른 곳에서 살피기가 어렵다. 그러나 고구려 안악3호분이나 덕흥리, 그리고 삼실총 등 고분벽화 속의 개마무사처럼 물감으로 그린 경우는 세부 디테일을 잘 살필 수 있다. 그러나 쪼아서 그린 암각화의 경우는 개마무사의 세부 디테일을 살피기가 어려운데, 이는 제작 기법과 관련된 것으로 볼 수 있다. 암각화 속에서 기마 전사의 갑옷은 일반적으로 격자무늬로 표현되었음을 알 수 있다.

마갑 또는 마면갑으로 무장한 말은 모두 9개가 확인되었다. 몽골의 조스틴 하드나 우리나라의 안악3호분 및 덕흥리 등 몇몇 고구려 고분벽화 속에서 살필 수 있었던 것 같은 마갑을 다른 지역의 암각화에서는 살필 수 없었다. 대부분의 경우 개마무사는 마갑과 마면갑을 격자무늬로 표현하였는데, 그것은 가로와 세로선을 교차시켜서 만들었으며, 이로써 말들도 마갑으로 중무장하였음을 표현하게 된 것이다. 갑옷이나 투구 그리고 마면갑 등의 등장은 전투기술의 발전과 그에 따른 방어의 필요성이 복합적으로 결부된 것이다.

안장이 그려진 것은 총 28개의 검토 대상 중 9개가 확인되었다. 이는 전체 형상의 약 32%에 이르는 수치인데, 대략 셋 중의 한 명이 안장이 있는 말을 타고 있는 셈이다. 안장의 모양은 술렉크나 고구려의 삼실총

---

55) Екатерина Дэвлет/ Чжан Со Хо, 앞의 책, 2014, p.38.

등지의 경우 나지막한 턱이 있는 것이지만, 산지 알타이의 차간카, 몽골의 돈드 햐린 혼드, 카자흐스탄의 에쉬키올메스나 쿨자바스이 등지에서 살펴보았던 것처럼, 뒤가 마치 의자처럼 생긴 안장이다.56) 또한 등자가 그려진 것은 몽골 호브드 아이막 에르뎅 부렝 솜의 조스틴 암각화 한 곳에서만 확인되고 있다. 개마무사가 타고 있는 말의 배 아래에 하나의 등자가 매달려 있다.

깃발을 든 기수도 모두 여섯 곳의 암각화 가운데서 살필 수 있었다. 기수는 긴 막대에 매달린 기를 높이 치켜들고 있는 모습으로 형상화되었는데, 깃대에 매달려 있는 기는 일반적으로 세로 축이 긴 직사각형이며, 그 옆으로 두 개 또는 세 개의 띠 장식이 달려 있었다. 모두 여섯 개의 기수 중 쉬쉬키노나 쿨자바스이, 그리고 다마이디 등을 제외한 나머지는 창 아래에 매달린 술 장식이라고 하여도 크게 틀리지 않을 듯이 보인다. 돈드 햐린 혼드나 에쉬키올메스 등지의 기수가 든 깃발은 넓은 의미에서 창으로도 볼 수 있기 때문이다.

전사가 타고 있는 말의 신체 묘사에서도 두 가지 주목을 끄는 부분이 있다. 그 중의 하나는 갈기의 모습이며, 다른 하나는 다리의 모습이다. 전자는 특이하게도 말의 갈기가 세 개 또는 네 개의 톱날 모양의 돌기가 나 있다는 것이다. 이와 같이 말의 갈기가 톱날 모양으로 표현된 것은 비단 전사나 기수뿐만 아니라 무기가 없는 일반 기마 형상 가운데서도 확인된다. 몽골의 바양 울기 아이막의 아랄 톨고이나 바가 오이고르, 차간 살라 등지의 암각화 속에는 앞에서 든 예와 같이 갈기 장식이 있는 말을 탄 유목민들이 그려져 있고,57) 또 우리나라 경주 천마총 말다

---

56) 에릭 힐딩거, 앞의 책, p.28.
57) 블라지미르 D.꾸바레프 저/ 이헌종・강인욱 번역/ 최몽룡 감수, 『알타이의 암각

[그림 18] 천마도(경주 천마총)

래에도 톱날 모양의 갈기가 나 있다<그림 18>.58)

말의 다리도 주목을 끄는데, 앞 발 중의 하나는 앞으로 내디뎠고, 나머지 하나는 무릎을 구부린 모습이다. 뒷다리는 서로 어긋나게 교차시켰는데, 이로써 말이 빠르게 걷고 있거나 가볍게 달리는 모습을 형상화할 수 있게 되었다. 이와 같은 모양의 말 형상은 청동기나 철기 시대에 등 이전에 그려진 조형예술 속에서는 살필 수 없었다. 이와 유사한 형상을 미누신스크 분지의 타쉬트이크 고분 속 출토 나무판 선각화나 몽골 야마느이 오스 암각화 속 마차행렬도, 그리고 투바의 말르이 바잉콜 암각화 가운데 사슴 형상 가운데서 살필 수 있는데,59) 기마술이 발달하면서 나타난 새로운 모드, 즉 빠르게 이동하는 모습을 그림의 형식으로 번역한 좋은 예라고 할 수 있다.

그 밖에도 대도를 차고 있는 모습을 술렉크와 바양 주레크 등지의 암각화 속에서 살필 수 있다. 또한 돈드 햐린 혼드나 카라 오유크 등의 암각화 속에서 여분의 말을 끌고 가는 전사 모습도 확인할 수 있었다. 소위 '파르티안 샷'은 덕흥리 고분 벽화 속에서 살필 수 있었다. 이와 유사한 형상은 무용총의 수렵도나 술렉크 암각화 속에서도 살필 수 있는데,

예술』, 학연문화사, 2003, pp.106~110.
58) 류정한, 이영훈, 『천마, 다시 날다』, 국립경주박물관, 2014, pp.112~132.
59) 동북아역사재단, 러시아과학아카데미 물질문화사연구소, 『중앙아시아의 바위그림』, 동북아역사재단, 2007, pp.86~87.

이로써 고대 기마 전사 형상의 시대 양식에 대한 윤곽을 그릴 수 있게
되었다.

이렇듯, 모두 28개의 도상 자료들을 통하여 기마 전사들이 어떤 모습
을 띠고 있는지 검토할 수 있었다. 검토 결과 기수는 위로는 레나강 상
류의 쉬쉬키노와 몽골의 차간 톨고이, 카자흐스탄의 에쉬키올메스와 쿨
자바스이, 키르기스스탄의 사이말르이 타쉬, 그리고 중국의 다마이디
등 광범위한 지역에서 확인되었다. 비록 그 형상의 빈도수는 그다지 높
지 않았지만, 깃발을 든 기수도 알타이를 중심으로 한 중앙아시아 고대
그림 가운데 주요한 제재 가운데 하나였음을 확인할 수 있었다.

활이나 창을 든 전사는 레나 강변의 쉬쉬키노에서 예니세이강 중류
의 술렉크와 포드카멘노에, 산지 알타이의 차간카, 잘그이즈 토베, 카
라 오유크, 몽골의 돈드 햐린 혼드, 조스틴 하드, 카자흐스탄의 바양 주
레크, 에쉬키올메스, 쿨자바스이, 그리고 키르기스스탄의 잘트라크 타
쉬, 사이말르이 타쉬 등 중앙아시아의 넓은 지역 암각화 가운데서 고루
확인되었다. 뿐만 아니라 산지 알타이의 쿠드이르게, 고구려의 안악3호
분, 덕흥리, 삼실총 등의 고분벽화, 그리고 몽골 볼간 아이막 쇼론 봄바
가르 고분 속의 토우 등의 예를 통해서 살필 수 있었다.

전사는 일반적으로 갑옷을 입고 투구를 쓴 모습이며, 말을 타고 창을
탄 모습을 하고 있었는데, 마갑이나 마면갑으로 무장한 말을 탄 경우가
전체의 반에 이를 정도였으며, 그렇지 않은 경우는 톱날 모양의 말 갈
기가 세 개 정도 나 있었고, 또 다리는 빠르게 걷는 모습을 하고 있었
다. 이와 같은 모습을 하고 있는 전사들을 우리는 예니세이 강변의 술
렉크와 포드 카멘노에, 산지 알타이의 차간카, 몽골의 조스틴 하드, 카
자흐스탄의 바양 주레크, 키르기스스탄의 잘트라크 타쉬, 그리고 몇몇

고구려 고분 벽화 속에서 확인할 수 있었다.

이들 중에서도 특히 몽골 호브드 아이막 조스틴 하드 암각화 속 개마무사와 우리나라 고구려 안악3호분 및 덕흥리 고분 속 개마무사, 몽골 고비 알타이 아이막 돈드 햐린 혼드 암각화 속 기마전투도와 고구려 삼실총 속 기마 전투도 등은 제재, 주제, 그리고 양식 등에서 동질성을 띠고 있음을 살필 수 있다. 그밖에도 고구려의 무용총 수렵도 속 기마사냥꾼이나 덕흥리 벽화 속에서 보이는 기마전사의 소위 '파르티안 샷도 러시아의 술렉크 암각화 속 기마 사냥꾼의 모습에서 확인할 수 있다.60)

또한 갑옷과 투구에 긴 창이나 활을 든 전사가 빠르게 걷거나 달리는 톱날무늬 갈기가 난 말을 타고 있는 모습은 알타이 산맥을 중심으로 중앙아시아 고대 미술의 가장 핵심적이면서도 보편적이고 동시에 새로운 제재였으며, 그 분포지역은 고대 한반도를 포함한 중앙아시아 전 지역이었음을 알 수 있었다. 이와 같은 형상들은 흉노 이전의 시대, 즉 스키타이-사르마타이 시대로부터 위로 거슬러 올라가는 그 어느 시기에서도 볼 수 없었던 제재였으며, 이로써 이와 같은 기마 전사 형상은 고대 사회가 만들어낸 새로운 문화의 한 현상이었다고 할 수 있다.

바로 이와 같은 형상들 때문에 흉노시대부터 고대 투르크 시대의 말기까지 약 1,000년의 시기는 지역 및 민족 사이의 교류, 갈등 및 대립, 그리고 투쟁이 빈번하였던 시대였음을 알 수 있었고, 그러한 점을 이와 같은 도상 자료들이 증명해 주었다.61) 또한 이와 같은 형상들을 통하여 기마무사의 외형 변화의 과정도 짚어볼 수 있었다. 처음에는 말을 타고

---

60) 장석호, 앞의 글, 2010, p.302.
61) 동북아역사재단 편, 『역주 중국정사 외국전 1, 사기 외국전 역주』, 동북아역사재단, 2009, p.59 이하 참조.

활을 든 기마병이었으나, 시간이 경과됨에 따라 갑옷과 투구를 쓰고 또 장창을 든 전사가 역시 마갑 및 마면갑으로 무장을 한 말을 탄 모습, 즉 개마무사로 바뀐 것이다. 그 변화의 요인은 재갈, 안장, 등자 등 마구의 개발 및 발전에서 찾을 수 있다. 기마전투에서 공격과 방어를 효율적으로 하기 위하여 무기와 보호 장구의 개발은 필수불가결한 것이었다.

말이나 사람이 취하고 있는 동작감, 즉 다리를 교차시켰다든가 고개를 뒤로 돌린 모습 등을 통해서 운동감 및 속도감 등을 느낄 수 있다. 이 또한 마구의 개발에 따른 말의 효용성, 즉 말의 빠른 발을 활용한 생활을 극명하게 보여주는 예라고 할 수 있다. 물론 전투를 벌이는 기마전사의 모습을 통하여 당시의 사회상황이 매우 긴박하고 또 불안정한 상태였을 가능성도 생각해 볼 수 있었다. 물론 이에 대해서는 보다 치밀한 사료 고증이 필요하다.

5. 맺음말

몽골을 중심으로 한 중앙아시아의 고대 바위그림 속에 그려진 기마전사상을 살펴보았다. 이를 통하여 기마 전사는 깃발을 들었거나 창을 든 모습이며, 그 중의 몇몇은 갑옷과 투구를 쓰고 또 마면갑과 마갑을 두른 말을 타고 있음을 확인할 수 있었다. 창을 든 기마상은 몽골알타이를 중심으로 한 카자흐스탄 동부와 몽골 서부 지역에 집중되어 있고, 또 개마무사도 알타이 산맥 인근 지역의 암각화 속에서 주로 관찰되었다.

이와 같은 유형의 기마전사상이 중국의 황하 이남 지역에서는 아직까지 보고된 바가 없다. 타쉬트이크식 동물 양식은 흉노 시대의 암각화를 비롯한 각종 조형예술 가운데서 살필 수 있으며, 이후 투르크 시대에 이르기까지 오랜 기간 동안 남부시베리아의 고대 미술, 그 중에서도 특히 동물 형상 가운데서 일관되게 채택되었다.

흥미로운 것은 몽골을 중심으로 한 중앙아시아의 고대 암각화 속의 개마무사, 깃발이나 장창을 든 기마전사, 창을 들고 서로 싸우는 기마전사 등이 고구려 고분벽화나 몽골의 투르크 시대의 고분벽화 가운데서도 그대로 관찰된다는 점이다. 더 나아가 경주의 천마총 출토 말 다래에 그려진 천마도도 같은 계통 속에 포함시켜 볼 수 있게 되었다. 이로써 고대 한반도와 몽골을 중심으로 한 중앙아시아의 고대 미술 속에서 짙은 동질성이 있음을 알게 되었으며, 그런 까닭에 고대 한국문화와 북방 초원 유목민 문화 사이의 문화적 상관성을 새롭게 인식할 수 있게 되었다.

참고문헌

동북아역사재단, 러시아과학아카데미 물질문화사연구소, 『중앙아시아의 바위그림』, 동북아역사재단, 2007.

동북아역사재단 편, 『역주 중국정사 외국전 1, 사기 외국전 역주』, 동북아역사재단, 2009.

동북아역사재단/카자흐스탄 교육과학부 마르굴란 기념 고고학연구소, 『카자흐스탄의 바위그림』, 동북아역사재단, 2011.

류정한, 이영훈, 『천마, 다시 날다』, 국립경주박물관, 2014.

장석호, 『몽골의 바위그림』, 도서출판 혜안, 1995.

장석호, 「중앙아시아 고대 암각화와 고구려 고분벽화의 주제 및 양식 비교 연구」, 『중앙아시아연구』15호, 중앙아시아학회, 2010.

니시노 요시히로 지음, 김석희 옮김, 『말과 황하와 장성의 중국사』, 북북서, 2007.

베이징대륙교문화미디어 기획 및 엮음/ 양성희 옮김, 『역사를 뒤흔든 대이동 7가지』, 현암사, 2010.

블라지미르 D.꾸바레프 저/ 이헌종 · 강인욱 번역/ 최몽룡 감수, 『알타이의 암각 예술』, 학연문화사, 2003.

에릭 힐딩거 지음, 채만식 옮김, 『초원의 전사들』, 일조각, 2008.

요코야마 유지 지음, 장석호 옮김, 『선사예술기행』, 사계절, 2004.

스기야마 마사아키 지음, 이경덕 옮김, 『유목민의 눈으로 본 세계사』, 시루, 2013.

장 드니 비뉴 지음, 김성희 옮김, 『목축의 시작』, 알마, 2014.

후베르트 필저/ 김인순 옮김, 『최초의 것』, 지식트리, 2012.

J.C.블록 지음/ 과학세대 옮김, 『인간과 가축의 역사』, 도서출판 새날, 1996.

D.체벤도르지, 「오브스 아이막 암각화의 세계」, 『몽골 서북부 지역의 암각화』, 동북아역사재단, 2009.

Jean Clottes, *World Rock Art*, The Getty Conservation Institute, Los Angeles, 2002.

K.Tashbaeva, M.Khujanazarov, V.Ranov, Z.Samashev, *Petroglyphs of Central Asia*, Bishkek, 2001.

JEAN CLOTTES, *L'ART DES CAVERNES*, Phaidon, 2008.

Louis-René Nougier, *L'ART de Préhistoire*, La Pochothèque, 1993.

А.П.Окладников, А.И.Мартынов, *Сокровища Томских Писаниц*, Искусс
тво, М.

А.П.Окладников, В.Д.Запорожская, *Ленские Писаницы*, НАУКА СССР,
М-Л, 1959.

Д.Г.Савинов, *О Происхождении таштыкского стиля, Древнее искусств
о Азии-Петроглифы*, КГУ, 1995.

Екатерина Дэвлет/ Чжан СоХо, *Каменная летопись Алтая*, ИА РАН/Ф
ИСВА, Москва, 2014.

О.Н.Вадер, *Каповая пещера*, НАУКА, М, 1965.

С.П.Нестеров, *Конь в культах тюркоязычных племен Центральной
Азии в эпоху средневековья*, НОВОСИБИРСК, 1990.

Ч.М.Жолдошов, Изображение вооружения в средневековых петроглиф
ах Кыргызстана // Материалы и исследования по археологии
Кыргызстана 1, Бишкек, 2005.

А.Очир, Л.Эрдэнэболд, С.Харжаубай , Х.Жантегин, Эртний нҮҮдэлчд
ий н Бунхант Булшны Малтлага Судалга, МУ-ШУА ТХ, Улаан
баатар, 2013.

Д.Дорж, Э.А.Новгородова, *Петроглифы Монголии*, ШУАХ, Улаанбаата
р, 1975.

宮脇淳子, 『モンゴルの歴史』, 刀水書房, 2002.

藤川繁彦 編, 『中央ユーラシアの考古學』, 同成社, 1999.

佐原眞, 『騎馬民族は來なかった』, 日本放送出版協會, 1998.

林俊雄, 「草原の考古學」, 『東北アジアの歴史と文化』, 北海道大學出版會, 2010.

А.П.オクラドニコフ著, 加藤九祚譯, 『黃金のトナカイ: 北アジアの岩壁畫』, 美術出
版社, 1968.

ピゴット, 「人類最初の車」, 『別冊特集サイエソス: 考古學文明の遺産』, 1976.

몽골제국 시대 이후 몽골이
아시아의 역사에 끼친 영향에 대하여

Ts. 체렝도르지

몽골과학아카데미 역사고고학연구소 중세사연구실장

1. 들어가는 말

13~14세기 몽골인들이 유라시아에 걸쳐 건설했던, 인류 역사상 가장 위대한 '몽골제국(Yeke Mongɣol Ulus)'[1] 시대의 역사에 대한 연구는 비교적 활발한 편이다. 그런데 '그 이후 몽골(Post-Mongol)'의 역사 연구, 특히 그 중에서도 몽골이 유라시아 세계와 아시아 각 지역의 역사에 끼친 영향은 커다란 주목을 받지 못하고 있을 뿐 아니라 심지어 이를 경시하는 경향도 있다.

게다가 극히 일부의 연구자들은 몽골[元]제국이 멸망한 뒤 몽골이 역사의 무대에서 완전히 사라진 것으로 여기는 경향이 있다는 것도 공공

---

1) '예케 몽골 울루스(Yeke Mongɣol Ulus)'는 직역하면 '대몽골국[大蒙古國]'이지만 이 글에서는 편의상 '몽골제국'으로 적는다.

연한 비밀이다. 14세기 말 경 중원(中原)에 대한 몽골[元]제국의 지배체제가 무너진 것은 사실이지만, 그렇다고 해서 '몽골'이라는 국가 자체가 멸망한 것은 아니다. 고지(故地)인 몽골초원으로 돌아온 몽골인들은 계속해서 독립적으로 존속했으며, 18세기 중반까지 동아시아뿐 아니라 중앙아시아 어떤 때는 멀리 서아시아까지 영향을 끼쳤다. 몽골인들의 제국 건설 경험과 전통 그리고 지리적 위치, 주변 국가들의 정치상황과 해당 지역의 국제관계 등이 복잡하게 얽혀 전개되면서 몽골이 계속해서 아시아 각 지역의 역사에 상당한 역할을 할 수 있는 조건이 마련되었다. 따라서 "몽골제국 붕괴 이후 중앙아시아를 비롯한 주변 지역에 끼치는 영향력이 비록 점점 줄어들기는 했지만, 당시 몽골과 이웃하는 유목국가뿐 아니라 정주 국가들의 대외 정책에도 지속적으로 중요한 역할을 담당하였다"고 말할 수 있다.2)

하지만 유감스럽게도, 이 시기 몽골의 세계사적인 영향은 물론 아시아 각 지역의 역사에 끼친 영향 등을 다룬 본격적인 연구가 아직까지 제대로 이뤄지지 않고 있다. 이것은 원(元)나라가 중국의 한 왕조에 불과했으며 중원에서 명(明)이 새롭게 등장했기 때문에 당연히 원나라는 멸망했을 것이라는 잘못된 인식에서 비롯된 것으로 보인다. 그러나 원나라는 온전히 중국의 한 왕조가 아니라 몽골인들이 주도하여 세우고 통치한 국가(즉, 몽골제국)였기 때문에, 중국에서 새로운 왕조가 흥기했다고 해서 반드시 몽골이 멸망해야 한다는 논리는 결코 성립하지 않는다. 다만 중국[中原]에서의 몽골지배만 무너진 것이고, 몽골[北元]과 중국(明)은 각각 자신들의 길로 갔다고 보는 것이 객관적이며 타당하다. 이

---

2) Монгол улсын ШУА-ий н Т үүхий н хүрээлэн, *Монгол улсын түүх Дөтгөөр боть*, Адмон, 2003, p.53.

후 몽골은 명나라와 독립적으로 병존하면서 수 세기를 존속했으며, 18세기 중엽에 이르러서야 만주[淸]에게 복속하게 된다.

본고에서는 티무르 제국이나 모굴 제국 등 이른바 광범위한 몽골제국의 계승국가들에 대해서는 다루지 않고, 다만 고지(故地)에 돌아온 이후의 몽골이 주변 지역의 역사에 끼친 영향에 대해서만 간략하게 살펴보고자 한다. 우선 당시 몽골 역사의 전반적인 흐름을 살펴보고, 그 다음에는 몽골과 이웃한 주변 국가들과의 관계를 간단하게 다룰 것이다. 이렇게 살펴봄으로써 당시 몽골이 주변 지역의 역사, 더 나아가 세계사에 끼친 영향의 전체적인 윤곽을 그려낼 수 있을 것으로 기대한다. 하지만 본고는 몽골제국 시대 이후 몽골의 진면목과 그 영향력을 올바로 평가하고자 하는 보잘것없는 시도일 뿐이며, 앞으로 보다 더 정치한 연구가 필요하다는 점을 밝혀두고자 한다.

2. 몽골제국 시대 이후 몽골의 정세

1368년 몽골제국의 대칸[황제] 토곤테무르 카안이 명나라 군대에게 밀려 몽골 본토로 돌아왔다. 대부분의 학자들은 몽골[元]제국의 수도였던 대도(大都)를 잃은 1368년을 원(元)이 멸망한 해로 보고 있다. 이 해에 한족의 왕조인 명(明)이 건국되고 몽골[元]이 북쪽으로 밀려났음은 사실이지만, 그렇다고 해서 몽골[元]제국이 멸망했다고 할 수는 없다. 한 학자는 1368년 이후 약 20년간 '북쪽의 대몽골국과 남쪽의 명조 정권과는 화북(華北)을 사이에 둔 대치상태가 되었고, 일종의 남북조(南北朝) 형태를 유지하였다'고 파악하였다.3) 이른바 북원(北元) 시대이다. 그러나 중원에 대한 잃어버린 지배권을 되찾기 위한 20여 년간의 노력이 실패로 끝나면서, 몽골인들은 몽골제국 이전 시기와 같이 몽골고원을 중심으로 거주하기 시작하였다.

외부적으로는 한족이 주축이 된 명나라가 몽골인들을 분열시키고 약화시키기 위한 정책을 지속적으로 실시하였고, 내부적으로는 오랫동안 이방(異邦)에서 통치자로 있었던 권력자들이 고향으로 돌아오자 영유지와 권력을 차지하기 위해 서로 다투게 되면서 정치적으로 분열이 가속화하였다. 본토에서 계속 살았던 전통적인 귀족층은 경제적으로 안정이 되자 중앙권력과 대칸의 통제범위에서 벗어나려고 노력하였다. 그러한 세력들 가운데 대표적인 것이 오이라드였다. 오이라드가 몽골 정통 대칸과 권력을 다툴 정도로 부상하면서 사실상 몽골은 크게 서몽골(즉, 오이라드)과 동몽골4)로 분열되기에 이르렀다. 그 외에도 초기에는 명나라의 통치를 받아들이다가 나중에는 자치권 같은 특권을 얻은 이른바 우량하이 삼위(兀良哈三衛)라는 특별지대도 있었다.

오이라드(瓦剌)는 원래 칭기스 칸 시대의 '오이라드(Oyirad)부를 비롯한 삼림민(森林民, oin irgen)'에 기원을 두는 부족으로, 몽골 권력자들이 중원에 수도를 두고 있을때 몽골 본토에서 점점 힘을 키우기 시작했고, 정치적으로 혼란해진 14세기 말부터 더욱 더 강력해졌다. 반면에 동몽골은 명나라의 반복된 침입과 내란으로 인하여 힘이 점점 약해지고 있었다. 따라서 오이라드의 수장(首長)들은 이러한 우위를 이용하여 전(全)

---

3) 스기야마 마사아키, 『몽골 세계제국』, 신서원, 1999, p.362.
4) 명(明)나라 때 중국 사료에는 오이라드(서몽골)를 "瓦剌" (wala), (동)몽골을 "韃靼" (dadan)이라고 기록되어 있다. 그러나 몽골인들은 자신을 '달단 (타타르)'이라고 부른 적이 없다.

몽골을 통치하고자 한 것이다. 그들의 정책은 어떤 때에는 성공을 거두
어 모든 몽골인들을 일시적으로 통치하기도 하였다. 그 대표적인 사례
로 1440~50년대 권위를 떨치면서 명나라 황제인 영종(英宗)을 포로로
잡았던 에센(Esen, 也先)을 들 수 있다. 그러나 그 이후에는 다시 분열상
태가 계속되었다. 마침내 만두하이(Mandukhai) 카툰과 바투뭉케 다얀
(Batumöngke Dayan) 카안(1464~1517)에 의해 이런 분열 상황이 극복되어
전(全) 몽골의 통일이 이뤄졌다. 한편 몽골을 통일한 바투뭉케 다얀 카
안은 통치력을 강화하고 국력을 부흥시켜 한동안 안정을 이룩했지만,
다시 자식들에게 영유지를 분봉(分封)해줌으로써 사실상 다시 분열하는
계기를 마련해 주었다고 볼 수 있다.

바투뭉케 다얀 카안이 죽은 후 그의 장자인 투르볼드 (Törbold)의 후
손들은 몽골 대칸의 정통을 이어갔으나 나머지 자식들에게도 장자에 못
지않은 속민과 영유지를 나눠 줌으로써 그들이 자기가 지녔던 세력을
점차 키워서 중앙권력과 대칸의 통제범위에서 벗어나려 노력한 것이다.
그 대표적인 세력 중 하나가 할하(Qalq-a) 만호를 상속받은 바투뭉케 다
얀 카안의 말자 게레센제(Geresenje)와 그 후손이었다.

16세기 말부터 할하가 강력해져 독자적인 세력을 형성함으로써 동몽
골은 다시 남북으로 분열되어 결국 몽골 땅에는 세 개의 독립국이 존속
하게 되었다. 즉 몽골은 크게 北몽골(이른바 할하몽골) 및 南몽골(내몽골),
그리고 西몽골(오이라드 부족연합)이라는 세 부분으로 구성되었다. 오이라
드 동쪽에 위치한 할하몽골이 강력해지면서 오이라드의 서쪽 진출을 더
가속화시켰다. 오이라드는 서, 북, 남으로 진출하였으며 1608년부터 그
한 구성원인 토르구드部는 서진하여 1620년대 말 볼가 강변에 정착하
였다. 또한 호쇼트部는 남진하여 쿠케 노르(Köke naɣur, 靑海)를 점령하

고 티베트까지 지배하였다. 한편 고지(故地)에 남아 있던 오이라드 부족 중 초로스(Tsoros)부가 주도적인 위치를 차지하면서 17세기 말부터 18세기 중엽까지 오늘날 중국의 신강위구르자치구 전역을 지배하였고 우즈베키스탄, 키르기스스탄, 카자흐스탄까지 영향을 미치는 준가르 제국을 세웠다.

이처럼 몽골은 오랫동안 정치적으로 분열되었지만, 중국 명조의 침략을 잘 방어하여 정치적 독립과 영토의 완전한 보장을 지켜낼 수 있었을 뿐만 아니라 다른 지역으로도 계속 진출하고 있었다.

17세기 초에 이르러 남몽골인들은 고비의 남쪽에, 할하 몽골인들은 알타이와 항가이 산맥을 중심으로 고비의 북쪽에, 오이라드 몽골인들은 알타이 산맥 너머에 살면서 고비사막과 높은 산맥을 경계로 삼고 살고 있었다. 그들은 비교적 독립적으로 존재하고 있었을 뿐만 아니라 내부 상황도 모두 동일하지 않았다. 예를 들면, 남몽골 4만호 및 호르친部는 대칸의 통치를 받고 있었지만, 그들 중에서 '중앙 정치에서 분리하려는 양상'이 강력하게 나타나기 시작하였다. 릭덴(Ligden, 林丹) 카안은 통치력을 강화하고 전 몽골인을 통합하여 통치하려고 노력하였지만, 그의 영향력은 점차 약화되어 단지 자신이 직접 통치하는 차하르(Chaqar) 만호만을 다스릴 수 있었을 뿐이다. 할하 몽골은 겉으로는 대칸의 통치를 받고 있는 것 같았지만 사실상 대칸의 영향력이 미치지 못하는 상황이었다. 할하의 귀족들 내부에서도 릭덴 카안의 정책과 활동을 지지하는 세력과 반대하는 세력 둘로 나뉘어 있었다.

그러나 17세기에 들어오면서 몽골을 포함한 동아시아는 정치적으로 큰 변화의 시기를 맞이하였다. 그러한 변화의 주인공은 북쪽의 러시아와 동쪽의 만주 청나라였다. 몽골 북쪽에 인접한 러시아는 새로운 영토를 정복하여 확장하기 위한 정책을 적극적으로 시행하였다. 17세기 초, 러시아인들은 서부 시베리아를 대부분 장악하고 더 나아가 알타이, 바이칼, 아무르, 동부 시베리아 방면으로 진출하였다. 러시아의 이러한 진출로 몽골은 러시아와 국경을 맞대게 되었다.

몽골 동쪽에 거주했던 여진족은 16세기 말부터 강력해지자 곧 다른 나라들을 침략하기 시작하였다. 위에서 언급한 몽골의 분열과 내부 상황을 이용하여 만주 후금국(1636년부터 淸으로 개칭함)은 몇 차례에 걸쳐 몽골을 공격하였다. 결국 1636년에 南몽골(內몽골), 1691년에 북몽골(지금의 몽골국), 1758년에 西몽골(오이라드)이 차례대로 청나라에 복속되었다.

3. 몽골과 중국(明)의 관계

몽골 제국 시대 이후의 몽골과 중국 명나라와의 관계는 다음과 같은 몇 시기로 구분해 볼 수 있다.

첫째, 몽골과 명나라가 서로 대립하던 시기로 몽골은 잃은 중국 땅 회복을 노리고 명나라는 몽골을 완전히 복속시키고, 그렇지 못하더라도 다시 부흥하지 못하도록 더욱 약화시킬 목적으로 몽골을 토벌하는 등 중원의 패권을 다투는 시기라 하겠다. 이 시기는 1368년부터 1388년까지 즉 북원시대에 해당한다.

둘째, 명나라가 몽골 내정에 간섭하여 동–서 몽골 귀족들이 서로 대립하도록 만드는 동시에 어떤 때에는 몽골을 침략하던 시기이다. 즉 명나라가 이이제이(以夷制夷)의 방법으로 몽골인들을 서로 대결시켰으며 양국 간의 이러한 대립은 1400년대부터 1420년대까지 지속되었다. 이러한 분열정책을 더 성공적으로 만들기 위해서 명나라 군대가 몽골을 종종 침략했으나 내란을 겪었던 몽골은 명나라에 대한 대규모의 공략은 못하였다.

셋째, 1440년대에 몽골이 재통일을 이뤄 명나라를 대거 침략하여 큰 걱정거리가 되던 시기로 이러한 공격은 어떤 때는 크게 성공하여 명나라 수도까지 포위함으로써 명왕조의 존망을 크게 위협하는 경우도 있었다. 이러한 대립이 일어난 제일 큰 이유는 명나라가 이웃국가에 대해 실시하던 봉쇄정책이었으며 몽골과의 무역이 단절될 경우 이를 반대하여 몽골 통치자들은 명나라 변경을 침략하여 압력을 가한 것이다. 따라서 양국은 때로는 강화하고 때로는 대립하여 강화와 충돌이 반복되었다. 그러나 주로 몽골이 명나라를 침입하였고 명나라가 몽골을 침략하지 못하였다는 것이 이 시기의 특징이다.

넷째, 오랜 기간 지속된 대립 끝에 몽골과 명나라 사이에 강화가 이뤄진 시기이다. 16세기에 들어와서 몽골 대칸을 비롯한 통치자들은 명나라와 화의를 맺고 무역을 하고자 노력했으며, 이것이 여의치 않으면 명나라에 대한 침략까지 하였다. 그러나 16세기 중엽에는 남몽골의 알탄 칸(Altan khan, 1507~1582) 등 유력한 지도자가 등장하여 명나라와의 관계에서 주요역할을 담당하게 되었다. 알탄 칸은 처음에는 명나라 변경을 침입하여 수도를 포위하는 등 대규모 군사작전을 펼쳤으나 나중에는 양국 사이에 화의가 맺어져 서로 무역을 하였다.[5]

몽골과 명나라 관계의 전체적인 흐름을 정리하면 다음과 같다. 초기

5) Монгол улсын ШУА-ий н Т үүхий н хүрээлэн, *Монгол улсын түүх* Г утгаар боть, Адмон, 2003, pp.90~102.

에 몽골을 원정하여 몽골의 독립까지 흔들었던 명나라는 시간이 지나면서 몽골의 계속적인 공격에 시달리게 되었다. 이러한 대립의 가장 큰 요인은 몽골에 대한 명나라의 봉쇄정책이었고 몽골은 이를 극복하기 위해 군사적 압박과 화의 등 수단을 가리지 않았다. 몽골의 침략에 대해서 명나라는 여러가지 방어책을 썼는데 그중 대표적인 사례가 만리장성 축조이다. 그러나 이러한 조치들은 별 소용이 없었다고 해도 된다. 결국 16세기 말부터 몽골과 명 사이에 우호관계가 수립되었으며 더 나아가 후금이 건국되고 동아시아 여러 나라에 대한 적대 정책을 실시해 나갈 때 몽골과 명나라는 일종의 동맹자 관계의 모습을 보여주기도 하였다. 즉 릭덴 칸(재위 1603~1634) 때 몽골은 명나라와 연합하여 후금을 견제하는 정책을 취하기도 하였다. 그러나 릭덴 칸의 본의는 후금의 위험성을 계기로 명나라를 압박하여 일정한 수익을 노렸을 뿐 진정한 동맹자가 될 생각은 없었던 것으로 보인다.

4. 몽골과 중앙아시아의 관계

중앙아시아에는 1370년 티무르(Tamerlane)가 西차가다이칸국을 장악하고 티무르 제국을 세웠다. 그러나 東차가다이칸국은 독립국가의 모습을 유지한 채 티무르 제국의 지배권 아래로 들어가게 되었다. 차가다이 칸국을 모굴리스탄 칸국이 계승하였다.

오이라드의 초로스부는 1670년대 초에 준가르 칸국을 세워 이웃국가들에 대한 정복전쟁을 하였다. 준가르는 1670년대 말 모굴리스탄의 내란을 틈타 그 국가를 정복하였다. 또한 1680년대 초에는 하미와 투르판을 정복하고 1680년대 중반에는 오늘날 우즈베키스탄의 타슈겐트와 사이람을 점령하고 안디잔으로도 원정하는 등 중앙아시아 1,200여 도시를 점령했다고 한다. 그리고 동쪽으로는 한동안 할하까지 점령하고 청나라와 충돌하기도 하였다. 오이라드는 체벵랍단 때 들어와서 청나라에 귀속했던 하미(Hami)를 공격하고 더 나아가 티베트까지 장악하려고 군사를 파견하였다.

앞에서 언급했듯이 1670년 말 모굴리스탄의 위구르족이 준가르의 지배를 받았고 위구르의 수령들이 준가르 땅에 인질로 억류되었다가 1755년 청나라가 준가르를 침략할 때 풀려났다. 그러나 준가르 귀족들이 청에 반기를 들자 위구르 수령들도 그들을 따랐으며 결국은 반란이 진압되어 위구르는 자기를 지배하던 오이라드와 함께 청나라에 복속되었다.

15세기에 들어와서 몽골 서쪽에 또 하나의 세력이 형성되기 시작했는데 바로 투르크系 유목민인 카자흐였다. 특히 16세기 말 오이라드가 서진하면서 카자흐의 여러 세력과의 접촉이 빈번해졌다. 17세기에 오이라드와 카자흐의 충돌이 자주 일어났고 그 투쟁에서 대체로 오이라드가 압도했다고 본다. 특히 1680년대 초에 오이라드가 카자흐의 3 주즈(Zhuz)를 대패시켜 그 동부 지역을 점령하였다. 그러나 1690년대 준가르의 혼란기를 틈타 카자흐는 자주성을 회복하였다.

그러나 1720~40년대에 오이라드는 서쪽 공략에 힘을 쏟았으며 그 결과 1723년 카자흐는 세미레치에 지역에 해당되는 광활한 땅을 잃고 호젠트와 사마르칸드 등 도시들이 오이라드의 종주권을 인정하였다. 1740~43년 공략 결과 카자흐의 中 주즈가 오이라드에 복속되고 小 주즈는 러시아에 보호를 요청하여 러시아에 귀속되었다.

1758년 준가르 제국이 청나라에 멸망당하면서 준가르의 빈 땅에 카자흐족들이 대거 이주하고 유목하기 시작하였다. 그러나 제정러시아의 유화 정책과 청나라의 위협 속에서 어느 한쪽을 선택할 수 밖에 없게 되었고 결국은 러시아를 선택한 것이다. 카자흐가 러시아에 귀속된 제일 큰 요인은 동쪽 이웃인 준가르의 위협이었지만 한편으로는 준가르가 카자흐와 청나라 사이에 방패역할을 했던 것도 사실이다. 만약에 준가르 칸국이 존재했다면 카자흐 제 부족들이 그토록 빨리 독립을 상실하지 않았을 것이다.

5. 몽골과 러시아의 관계

러시아가 동진하면서 17세기 초부터 몽골의 변경 세력과 접촉하게 되었다. 더 나아가 30년대에 들어와서 몽골인들이 사는 지역에 진입하기 시작하였다. 당시 러시아는 시베리아에서 견고한 기반을 마련하지 못했으며 군사력도 약하였다. 따라서 처음에는 몽골 세력들에 대해서 강경책을 실시하지 못했고 다만 초무(招撫) 및 위협을 가하는 방법으로 복속시키려 하였다. 당시 몽골 통치자들은 계속해서 시베리아의 여러 부족에게 공물을 받았으며 납공을 거절할 경우 그들을 공격하기도 하였다. 즉 러시아는 시베리아를 점령했다고는 하지만 시베리아 여러 부족과 몽골 간의 관계를 단절하는 조치를 취하지 못한 상태였다. 시베리아 당국은 제일 먼저 접촉하기 시작한 오이라드의 귀족들과 할하의 알탄 칸에 대한 초무정책을 실시하며 귀속시키려 하였다. 당시 러시아의 서쪽 변경이 불안전하였기에 동쪽에 어떠한 대립이 일어나는 것을 원하지 않았기 때문이다.

다른 한편으로, 오이라드 및 할하의 통치자들은 러시아와 될 수 있도록 평화롭게 교류를 하면서 다른 세력과 투쟁하는데 러시아의 힘을 빌리려고 노력하였다. 몽골 땅에 들어온 러시아인들은 몇몇 곳에 요새를 짓고 그 안에 들어가 살면서 주변 유목민에게 공물을 거두는 식으로 지배를 하였다. 따라서 몽골 귀족들은 한편으로는 이를 반대하면서 다른 한편으로는 러시아와의 무역 등을 추구해 나갔다. 그러나 영토문제를 평화로운 방법으로 해결하려는 이러한 시도가 실패하자 몽골은 러시아의 요새들을 군사력으로 공격하는 조치까지 취하였다. 예를 들어, 할하의 투시예투 칸은 1680년대 말(1688) 러시아의 요새들을 포위하고 위협하였다. 이 조치를 청나라의 책동으로 일어난 것으로 보는 견해도 있지만 이 사건은 아무튼 몽골이 자기 영토 및 속민들을 방어하기 위해 수단을 가리지 않았다는 사실을 보여주는 사례이다.

그러나 준가르의 갈단이 그해 봄 할하를 침공하였기 때문에 이러한 군사작전이 중단될 수밖에 없었다. 더 나아가 할하를 점령한 갈단을 러시아가 도와줄지도 모른다는 소문이 1689년 청나라와 러시아가 네르친스크 조약을 체결하는데 러시아에게 유리한 조건이 되었다. 일단 국경조약을 체결한 러시아와 청 양국은 더 이상 다시 충돌할 생각은 없었던 것으로 보이는데 갈단을 할하 땅에서 몰아낸 후에 내몽골에서 돌아온 할하인들은 바이칼 호수 이남의 땅(현재 러시아 연방 부리야트 공화국 영토)을 상실하였다. 이처럼 할하 몽골이 독립을 잃은 것은 러시아에 유리하였다. 이렇게 할하가 청나라에 귀속된 것은 러시아가 동진하는 데 중요한 계기가 되었다. 만약에 할하가 독립국가로 존재했으면 러시아가 시베리아로 확대되는 과정이 지연될 수도 있었다.

할하가 청나라에 복속된 후에 몽골과 러시아의 관계는 오이라드와 러시아의 관계로 결정지어지기 시작하였다. 원래 오이라드는 17세기 초부터 러시아와 접촉하기 시작했으며 대립과 강화를 거듭하면서 18세기에 이르렀다. 오이라드 동쪽에 위치했던 할하가 독립을 잃고 러시아는 피터 1세 때부터 더 강력해져 시베리아에 비교적 튼튼한 기반을 두기 시작하였다. 따라서 러시아가 준가르에 대해서도 강경책을 쓰기 시작하였다. 아울러 준가르 영토에 대한 무력 침략도 저질렀는데 준가르는 이를 성공적으로 물리쳤다. 예를 들어, 준가르는 1710년대 초부터 오이라드 땅에 들어와 요새를 지은 러시아인과 충돌하기 시작하였고 1716년 오이라드 영토에 요새를 지으러 온 러시아 군대를 격파시키기도 하였다. 이러한 사건들은 러시아가 준가르에 대해서 한동안 회유정책을 취할 수밖에 없게 만들었다.

또한 오이라드의 일부인 토르구드部는 서진하여 1620년대 말 볼가 강변에 정착하였는데 그 지역에 거주하던 투르크계 노가이(Nogai)인들을 복속시켰다. 나아가 러시아와 카프카즈 지역과의 관계에서 일정한 역할을 담당하였다. 특히 러시아와 연합관계를 맺어 러시아-터키, 러시아-스웨덴 전쟁에 참전하는 등 적지 않은 역할을 하였다.

6. 몽골과 티베트의 관계

몽골과 티베트와의 관계 부흥은 불교 전파와 관련이 있다. 몽골에는 원나라 때 불교가 전파되어 지배층에서 국교로 자리를 잡았으나 그 이후 시기에는 불교가 쇠퇴의 길을 갔다. 그러다가 16세기 말에 들어와서

불교가 몽골에 재차 전파되기 시작하였다. 이번 불교 전파 및 티베트와
의 관계 수립은 南몽골의 알탄 칸의 활동과 직결된다. 남몽골 투메드部
출신 알탄 칸은 1550년대 몽골의 영토를 청해(靑海) 지방까지 확장하면
서 자연스럽게 티베트와 접촉하게 되었다. 그는 몽골의 대칸은 아니었
지만 한동안 대칸을 압박할 정도로 강력해졌으며 특히 명나라와의 관계
에서도 제일 중요한 역할을 하던 인물이다.

알탄 칸은 1578년 티베트의 게룩파(혹은 황모파라고도 한다)의 고승 소
드놈잠츠를 청해에 불러 회견하고, 그에게 달라이 라마(Dalai lama)라는
칭호를 주었으며, 그 대신에 달라이 라마는 알탄 칸에게 차크라바르틴
세첸 카간(čakrawartin qaɣan, 轉輪聖王)이라는 칭호를 수여하며 옛 원나라
때의 쿠빌라이 카안과 티베트 고승 파스파 국사(國師) 사이의 관계를 재
현했다고 널리 선전하였다. 이어서 몽골 우익의 다른 영주들도 불교에
귀의하였으며 이처럼 알탄 칸은 티베트와 관계를 맺어 몽골에 불교를
전파시킨 것은 그의 불교를 이용하여 전몽골을 통치하고자 하는 정책에
서 비롯되었을 것으로 보인다. 한편 티베트의 달라이 라마는 몽골의 군
사력을 이용하여 티베트 내 불교 종파 사이에 벌어지는 투쟁을 진압하
고 황모파의 번영을 추구한 것이다.6)

알탄 칸의 선례를 따라 몽골의 다른 지역 귀족들은 자기 영지에서 불
교를 전파시켜 나갔다. 따라서 아주 짧은 기간에 전 몽골 지역에 불교
가 전파되었다. 이처럼 1570년대 말에 시작된 몽골과 티베트와의 관계
는 아주 짧은 기간에 활발해졌다. 몽골에 빠른 속도로 불교가 전파되면
서 이를 따른 티베트의 정치적 영향력도 커져 갔다. 다른 한편으로 티

---

6) 위의 책, pp.129~130.

베트에서의 몽골 영향력도 커졌다. 몽골과 티베트 사이에 이뤄진 연합 관계는 양국의 중앙아시아 및 동아시아에 대한 영향력을 확대시키는 결과를 가져왔다. 즉 이러한 관계는 양측 모두에게 유리한 것이었다.

이 관계를 계기로 티베트가 몽골 내정에 간섭했는가 하면 몽골도 티베트 내정, 특히 종파 사이의 분쟁에 간섭하였다. 그중 대표적인 것은 1630년대 말 벌어진 사건으로 티베트의 황모파와 홍모파의 대립에 몽골 귀족들이 각각 일정한 종파를 지지하여 간섭하였다. 그 결과 오이라드의 지지를 얻은 황모파가 승리하였다. 오이라드의 호쇼드部의 구시 칸(Guushi khan) 등은 황모파를 군사력으로 지원해 준 것을 계기로 티베트에 정착하여 더 나아가 티베트를 지배하게 되었다. 이리하여 티베트에서 80여년 지속된 몽골 (오이라드) 지배기가 시작되었다.

이리하여 1710년대 말까지 오이라드의 구시 칸의 후손들이 티베트를 지배하였다. 그러나 1710년대 중엽 티베트는 달라이 라마 5세의 사후 달라이 라마 6세의 난립이 일어나 혼란에 빠지고 티베트의 왕이었던 라짱 칸 (Lhazan khan)의 권위가 무너졌다. 준가르의 체벵랍단은 이를 틈타 티베트 및 청해에 대한 준가르의 영향을 부활시키기 위해 1716년 장군 체렝돈돕(Tseringdondub)에게 명하여 티베트를 침공하도록 하였다. 준가르 군대는 이듬해 라싸를 점령하고 라짱 칸을 무찌르고, 청나라 군대를 물리치는 등 한동안 성공을 거두었지만 청나라 군대가 준가르 본토를 침공하여 상황이 불리해지자 1720년 준가르로 철수될 수밖에 없었다. 이처럼 호쇼드부의 티베트 지배가 무너짐으로써 티베트는 사실상 청나라에 복속되었다. 바꿔 말하면, 티베트가 청나라 지배를 받게 된 직접적인 요인은 호쇼드부의 티베트 지배, 특히 준가르의 티베트 침략이었다고 하겠다.

7. 몽골과 여진(만주) 관계 및 만주의 몽골 복속의 시초

몽골제국 시대 이후 여진족은 원래 몽골과 명나라 통제 하에 있으면서 그들에게 공납하는 제 부족으로 이뤄졌다. 그 일부는 명나라의 변경을 지키는 위(衛)로 재편되어 살았는데 사실 여진족은 몽골과 명나라와의 대립에서 주로 몽골 편에 섰다. 여진 여러 부족은 대대로 몽골의 통치를 받았다. 예를 들어, 1440년대 중반 에센 타이시(太師)가 '3만의 여진'을 복속시켰으며[7] 투멘 자삭트 칸(Tumen zasagt khan, 재위 1557~1593) 때에도 여진에게 징수했다[8]는 기록으로 보아 여진 여러 부족은 몽골의 직간접적인 통제하에 있었음을 알 수 있다.

그러나 1590년대 건주 여진의 누르하치가 강력해지면서 여진 여러 부족을 통일시켜 나갔다. 이때 몽골의 호르친 등 부족이 나머지 여진 세력과 연합하여 누르하치에게 대항하였으나 실패하였다.

17세기 초에 들어 릭덴이 몽골의 대칸으로 즉위하여 다른 몽골 여러 부족에 대한 통치력을 강화하고 전 몽골의 통합 통치를 위해 노력하였다. 이러한 릭덴 칸의 정책을 반대하는 호르친 등은 당시 새로이 흥기하던 후금과 관계를 맺으면서 릭덴 칸은 저절로 후금과 대립하게 되었다.

호르친의 수령 우우바(Uuba)가 1624년 후금과 상호보호 맹약을 맺었다. 그 다음 해 릭덴 칸이 호르친을 침입할 때 호르친은 후금의 군사 원조를 받았고 1626년 우우바가 자기 부족을 데리고 후금에 투항하였다. 남 몽골의 다른 부족들도 잇따라 후금에 투항한 것이 릭덴 칸의 힘을 더 약해지게 하였다. 동아시아 북부 패권을 위해 몽골과 후금의 충돌은

---

7) Лувсанданзан, *Алтан товч*, Соёмбо принтинг, 2006, p.250.
8) Саган сэцэн, *Эрдэний н товч*, Соёмбо принтинг, 2006, p.135.

필연적인 것이었으며 결국 후금의 홍타이지는 릭덴칸을 정복하기 위해 친정해 오자 그는 후흐노르(青海)로 피신을 가던 중 1634년에 병사하였다. 이처럼 후금에 대항하는 주요 세력인 차하르가 멸망하여 남몽골이 후금에 복속되었다.

강대한 릭덴 칸의 세력을 격파시킨 것은 홍타이지에 있어 전략상 중대한 승리였고 명, 후금, 몽골 세력의 삼각 투쟁 중 후금이 2:1의 우위를 점하게 되었다.[9] 누르하치를 우두머리로 하는 건주여진이 강력해진 것을 임진왜란으로 조선과 명나라가 만주까지 힘이 미치지 못했기 때문이라고 보는 견해가 있으나 사실 몽골이란 그보다 못지않은 세력의 요인도 전혀 부인할 수 없다. 여진이 흥성한 것은 몽골과 직접적인 관련이 있으며 몽골 여러 세력과 수립한 동맹관계야 말로 청이 명나라를 멸망시키고 중원의 패자가 되는데 중요한 역할을 한 것이다. 그러나 릭덴칸과의 투쟁에서 남몽골의 여러 세력을 이용한 후금은 릭덴 칸을 격파시킨 후에 예전의 동맹관계를 종속관계로 전환시켰다.

8. 몽골과 조선의 관계

대원(大元) 제국의 통치자들이 몽골 본토로 돌아오고, 한반도에서는 고려왕조를 무너뜨리고 조선왕조가 건국된 후, 몽골과 한국의 관계는 이전 시기보다 소원(疏遠)해지기 시작하였다. 몽골과 한국 양국관계는 중세 이후 수백 년 동안 단절되어 있다가 최근에서야 회복되었다는 견

---

[9] 조병학, 「後金의 察哈爾 복속 과정 연구」, 『몽골학』 제12호, 몽골학회, 2002, p.158.

해가 일부 학자들, 특히 대중 가운데서 힘을 얻고 있다. 그러나 이 시기에 양국관계는 비록 상당히 소원해진 것은 사실이지만 어떤 교류의 흔적도 없이 완전히 단절되었다는 것은 아니다. 양국 관계가 이렇게 소원해진 이유의 하나는 몽골과 조선 양국이 직접 국경을 접하지 않게 되었기 때문이며, 또 다른 이유는 조선의 통치자들이 자신들의 대외정책에서 중원 명(明)나라와는 직접적인 우호관계를 견지했으나 몽골과는 어느 정도 거리를 두었기 때문이다. 조선은 또한 유교사상을 국가이념으로 삼고, '중화(中華)'라는 중원 문화를 숭상하였다. 아울러 역사적으로도 중원 지역을 지배했던 북방유목민들의 정권은 '야만인'들이 세운 국가라며 멸시하고 그들의 문화를 혐오하거나 회피하는 경향이 만연했던 것과 관련이 있다.

그럼에도 불구하고 조선은 계속해서 몽골에 대해 관심을 갖고 그의 정세를 꾸준히 관찰하였다. 1410~20년대 몽골-명나라 전쟁이 벌어졌을 때부터 조선은 몽골에 대해서 관심을 가지게 되었고 몽골에 대한 정보를 접수하기 시작하였다. 한편 몽골도 1440년대 초에 와서 명나라에 대한 압박의 일환으로 조선을 회유하는 정책을 취하는 상황이 벌어졌다. 그러한 시도를 1442년 몽골의 톡토부하 타이순(Togtobukha Taisun) 칸이 조선 세종(世宗)에게 보낸 칙서(勅書)를 통해서 확인할 수 있다.

'(祖 세첸 쿠빌라이 황제가 즉위할 때에는, 필자 추가) 천하가 명령에 순종하지 않는 나라가 없었는데, 그중에 고려국은 교의(交誼)가 좋기를 다른 나라보다 배(倍)나 되고, 친근함이 형제와 같았는데, …… 지금 내가 조종(祖宗)의 운수를 계승하여 즉위 한 지가 지금 벌써 10년이나 되었으니, 만약 사람을 시켜 서로 통호(通好)하지 않는 다면, 이는 조종(祖宗)의 신의를 잊는 것이다. 지금부터는 만약 해동 청(海東靑)과 하표(賀表)를 보낸다면, 짐이 후하게 상을 주고 후하게 대우할 것이다.'10)

위에서 본 것처럼 몽골은 조선을 회유했지만 당시에 조선은 꾸준히 명나라를 사대했기 때문에 몽골과 가까워지는 것을 되도록 피하고 이러한 제안들을 받아들이지도 않았다.

이미 1430년대 말부터 몽골(삼위 달달)이 해서(海西)의 야인(野人)들과 함께 조선을 침입해 온다는 소문이 있었고11) 그것은 몽골과의 관계에서 거리를 두는 정책을 실시하는데 어느 정도 영향을 미쳤을 것이다. 사실 이러한 소문은 명나라 측이 퍼뜨렸을 가능성도 배제할 수 없다. 당시 기록을 보면 몽골은 조선에 대해서 특별한 친근감을 가졌기 때문에 조선을 침범할 계획은 없었던 것으로 보인다. 이러한 친근감을 다음과 같은 사례에서 살펴볼 수 있다.

달달이 高麗(즉 朝鮮) 사람이나 여진(女眞) 사람을 잡으면, '너희들은 본래 모두 우리 종족이었다'고 하면서 변발(辮髮)하게 하여 자기들 의관(衣冠)을 본받게 하지만, 만일 한인(漢人)을 잡으면 모두 코와 귀를 벤다.12)

---

10) 『조선왕조실록』「세종실록」권 96, 세종24년, 壬戌年, 明正統 7年, 5월9일 戊辰日 : 太祖成吉思皇帝統馭八方, 祖薛禪皇帝卽位時分, 天下莫不順命. 內有高麗國交好, 倍於他國, 親若兄弟, 世衰遭亂, 棄城依北, 已累年矣. 今我承祖宗之運, 卽位今已十年. 若不使人交通, 是忘祖宗之信意也. 今後若送海青及賀表, 則朕厚賞厚待.

11) 세종 86권, 21년(1439 기미 / 명 정통(正統) 4년) 8월 28일(갑진) 1번째 기사.

12) 세종 125권, 31년(1449 기사 / 명 정통(正統) 14년) 8월 12일(기미) 2번째 기사 : 達達執高麗及女眞人則曰 : 「汝等, 本皆予種也.」使辮髮, 令效其衣冠. 若執漢人, 皆割鼻耳.

몽골과 명나라의 전쟁이 계속되면서 1449년 명나라 황제가 몽골군에게 사로잡히는 이른바 '토목의 변(土木之變)'이 일어났다. 그 때문에 조선은 큰 충격을 받고 공포에 빠지기 시작하였다. 따라서 에센(也先)이 조선을 침범해온다는 소식이 퍼져 이에 대한 방어정책을 꾸준히 논의한 후에 아무튼 몽골의 군사활동에 대한 정보를 수집하면서 방어준비를 해나가는 쪽으로 생각이 모였다. 방어준비는 군사적, 외교적이란 두 방면에서 이뤄졌으며 만약에 몽골의 사신이 오면 들어오지 못하도록 하고 달래서 돌려보내야 한다면서 그와 관련해서 자세한 지시까지 내렸다. 몽골의 조선 침공 위협은 조선의 국방 체제에 큰 충격을 주었다. 특히 군사 징발제도 및 군기제조의 변천을 초래한 막대한 사건이었다.13)

그 이후 한동안 몽골에 대한 조선의 관심이 낮아졌으나 1600년대에 들어 후금과의 교류 과정에서 몽골인과의 접촉이 이전 시기보다 빈번해졌다. 후금을 방문한 조선 사신들이 후금에 귀속한 몽골인들과 만나기도 하였으며 특히 병자호란 때 남몽골군이 청나라 연합군이 되어 조선을 침입함으로써 몽골과 조선이 직접 만나기도 하였다.

1630년대부터 몽골이 비교적 쇠퇴하여 차례차례 청나라에 복속되었지만 1750년대까지는 몽골에 대한 조선의 이미지가 계속해서 '강력한 몽골'이었다는 점이 흥미롭다. 즉, 몽골을 명나라와 동아시아 패권을 다투는 강대국으로 보거나, 혹은 몽골이 더 강력해져 청나라를 무너뜨릴 것이다는 식의 구상이 일반적이었다. 조선은 항상 몽골을 중원왕조 못

---

13) 에센의 위협이 조선 국방체제에 미친 영향에 대해 다음 논문을 참조. 오종록, 「朝鮮初期의 國防觀」, 『진단학보』 86, 진단학회, 1998, pp.137~155 ; 김일환, 「朝鮮初期 監鍊官制下의 軍器製造 研究」, 『한국사학보』 10, 고려사학회, pp.41~74 ; 임용한, 「오이라트의 위협과 조선의 방어전략-진관체제 성립의 역사적 배경-」, 『역사와 실학』 46, 역사실학회, 2011, pp.41~70.

지않는 강대국으로 보았을 뿐만 아니라 다시 중원의 주인이 될 것이라
상정하였다. 그렇기 때문에 그를 위한 대비도 해 왔다. 그러나 그것은
한결같지는 못하였고 몽골이 중원왕조를 공격하게 될 때만 관심이 많이
쏟아졌다.

9. 결론을 대신하여

몽골 제국 이후 몽골인들은 몽골 본토를 중심으로 독립국가를 유지
하였으며, 비록 이전 시기보다는 쇠약해졌지만 수 세기 동안 아시아 지
역에서 나름대로의 역할을 해왔다. 당시 몽골은 동아시아부터 중앙아시
아까지 펼치는 광활한 지역에 거주하면서 이들 지역의 역사에 큰 유산
을 남긴 것이다. 특히 몽골이 아시아 지역 국가들에 미치는 영향은 결
코 무시할 수 없을 정도로 컸다. 몽골은 몽골제국 시기에 그러했듯이
18세기까지만 해도 중앙아시아와 동아시아 여러 국가와 민족을 연결해
주는 가교의 역할을 하였다. 특히 오이라드가 서진하면서부터 중앙아시
아와 동아시아는 몽골을 통해서만 교류할 수 있었던 상황이 한동안 지
속되었다.

몽골은 종종 분열되어 혼란에 빠지기도 했으나 일반적으로 통일된
강대국의 모습을 상당히 후대까지 상실하지 않았다. 중국 명나라 때 몽
골이 북방에 존재했던 것이 동아시아 세력균형에 크게 이바지했다고 하
겠다. 또한 오이라드 등 몽골 일부 세력이 서진하면서 중앙아시아에도
점점 영향을 미치기 시작하였다.

17세기 초에 일어난 러시아의 동진 및 만주 청나라 흥기는 몽골을 비

롯한 동아시아와 중앙아시아 역사에 전환기를 가져왔다. 청나라가 흥기하는데 몽골은 명나라와 조선에 못지않는 영향을 주었다. 16세기 말까지 여진족을 통제하는 주역 중 하나가 몽골이었으며 몽골이 여진에 대한 통제력을 소홀히 한 것이 바로 여진족에게 회복의 기회를 마련해 준 중요한 계기 중 하나이다.

아울러 청나라가 명나라와 중원의 패권을 다투는 상황에서 동아시아의 향후 정세는 사실 예전의 동아시아 북부의 패권자인 몽골에 달려 있었다. 몽골이 대립하는 양측 중 어느 편에 서느냐에 따라 나머지 한쪽의 운명이 결정될 것이었다. 이런 과정에서 1636년 남몽골이 청나라에 복속되면서 청이 중원의 패권자가 될 것이 분명해졌다. 즉 몽골의 항복이 명과 청의 대립을 좌우하는 결정적인 요인이 되었다.

비록 남몽골이 독립을 잃었지만 할하와 오이라드가 독립을 유지하면서 청나라와 러시아 등 국가와 대립해 나갔다. 할하는 지리적 조건 때문에 중앙아시아까지 영향을 미치지는 않았으나 러시아의 동진을 막기 위해 열심히 노력한 결과 러시아의 동진과정을 어느 정도 지연시킬 수 있었다. 그러나 내부 권력다툼 및 이를 틈탄 준가르 제국의 침략 등으로 인해 결국 청나라에 복속될 수밖에 없었다.

그러나 몽골의 마지막 독립국가인 준가르 제국이 계속해서 중앙아시아 패권을 위해 청나라, 그리고 러시아와 맞서서 싸웠다. 카자흐, 키르기스 등 중앙아시아 세력들은 준가르와 대립하는 동시에 사실상 준가르에 의존하면서 존재하였다.

준가르 제국의 청나라와 대결 및 일정지역을 점령하기 위한 군사활동의 실패로 티베트와 청해 등이 청나라에 복속되었다. 더욱이 1740년대 말에 준가르에서 일어난 제위계승 분쟁으로 인한 오랜기간의 내란을 틈타 청나라가 1758년 최후의 유목제국이자 가장 강력한 경쟁자인 준가르을 멸망시켰다. 이와 함께 준가르의 지배 하에 있었던 동투르키스탄도 청에 복속되었다.

이렇게 러시아와 청나라 사이에 존재하면서 몽골 특히 준가르가 멸망하면서 중앙아시아 및 내륙아시아에서의 세력 균형이 무너졌다. 그때까지 준가르와 대립하는 동시에 사실상 그에 의존하며 존재하던 카자흐, 키르기스 등 중앙아시아 세력들은 러시아와 청나라 둘 중 하나를 선택할 수밖에 없는 처지에 놓였고 결국에는 러시아를 선택하였다.

만약에 모든 몽골계 국가가 독립을 유지했으면 러시아와 청나라가 그렇게 많이 강력해져 동아시아에서 세력이 양극화되는 데 어느 정도 지장이 있었을 것이다. 준가르 제국의 멸망으로 몽골이 완전히 독립을 잃음으로써 동아시아 및 중앙아시아의 세력균형이 무너져 이 지역에서 청나라와 러시아라는 두 강대국만 팽창하게 되었다. 러시아와 청나라는 몽골과의 경쟁에서 승리함으로써 제국의 발전을 도모할 수 있었다.14) 동아시아 및 중앙아시아 일대에서 러시아와 청나라(이제는 중국)가 패권을 잡는 상황은 향후 수 세기 동안 지속되었으며 현재까지 그 여파가 이어지고 있다고 해도 과언이 아니다.

현재 중국은 대체로 청나라 때의 판도를 이어받은 국가인데 그 서부지방이 청나라에 귀속되는데 직간접적으로 제일 큰 영향을 미친 국가가 바로 몽골이었다. 중앙아시아 여러 국가가 러시아의 영향력 아래로 들어간 것도 몽골이 독립을 잃고 이 지역에서 러시아와 청나라를 중심으로 세력 양극화가 진행된 결과로 설명할 수 있을 것이다.

---

14) 김성수, 「17세기 '할하(Qalq-a) 중심론'의 형성과 티벳불교」, 『중앙아시아연구』 제7호, 중앙아시아학회, 2002, p.27.

몽골 제국 이후 시기 몽골의 국력과 영향력이 어느 정도였는지를 몽골과 명나라 또는 청나라와 대립하는 과정에서 제3자였던 조선의 몽골에 대한 인식이 잘 보여준다고 하겠다. 만주인들이 명나라를 무너뜨리는 데 불과 20여 년 밖에 걸리지 않은 반면, 모든 몽골을 정복하는 데 무려 130여 년이란 긴 시간을 필요로 하였다는 사실에서 당시 몽골의 강성함과 항쟁의 정도를 알 수 있을 것이다.

본고에서는 다만 몽골이 아시아 지역사에 미친 정치적 영향만 다루었는데 경제, 문화 등 다른 분야에 미친 영향도 적지 않았다. 여진족이 처음에 몽골어와 몽골문자를 공용어로 썼던 것처럼 카자흐, 키르기스, 우즈벡 등 중앙아시아 세력들은 청나라와 교류하는데 오이라드 언어 및 문자를 공통어로 사용하였다. 앞으로 이러한 문화 교류 및 상호 영향 문제에 대한 세밀한 검토도 필요하다.

☖ 참고문헌

Лувсанданзан, *Алтан товч*, Соёмбо принтинг, 2006

Д.Дашбадрах, *Монгол-Төвэдийн улс төр, шашны харилцааны түүх (2 дахь хэвлэл)*, Соёмбо принтинг, 2012.

Монгол улсын ШУА-ийн Түүхийн хүрээлэн, *Монгол улсын түүх Гутгаар боть*, Адмон, 2003.

Монгол улсын ШУА-ийн Түүхийн хүрээлэн, *Монгол улсын түүх Дөтгөөр боть*, Адмон, 2003.

Саган сэцэн, *Эрдэнийн товч*, Соёмбо принтинг, 2006

Н.П.Шастина, *Русско-монгольские посольские отношения XVII века*, Восточная литература, 1958.

N. Di Cosmo et al. ed., *The Cambridge History of Inner Asia : The Chinggisid Age*, Cambridge University Press, 2009

『조선왕조실록』

김성수, 「17세기 '할하(Qalq-a) 중심론'의 형성과 티벳불교」, 『중앙아시아연구』 제7호, 중앙아시아학회, 2002.

김일환, 「朝鮮初期 監鍊官制下의 軍器製造 硏究」, 『한국사학보』 10, 고려사학회, 2001.

스기야마 마사아키(임대희·김장구·양영우 옮김), 『몽골 세계제국』, 신서원, 1999.

오종록, 「朝鮮初期의 國防觀」, 『진단학보』 86, 진단학회, 1998.

임용한, 「오이라트의 위협과 조선의 방어전략-진관체제 성립의 역사적 배경-」, 『역사와 실학』 46, 역사실학회, 2011.

제임스 A. 밀워드(김찬영, 이광태 옮김), 『신장의 역사-유라시아의 교차로-』, 사계절, 2013.

조병학, 「後金의 察哈爾 복속 과정 연구」, 『몽골학』 제12호, 몽골학회, 2002.

첵메드 체렝도르지, 『14세기 후반 동아시아의 국제정세와 북원과 고려의 관계』, 한국학중앙연구원 박사학위논문, 2011.

영문편

Cultural Exchange on Silk Road
and Altaic World

■

Central Kazakhstan in the System of Early Iron Age Cultures of the Steppe Eurasia

Arman Z. Beisenov

Head of the Department of Prehistoric Archeology,
A.Kh. Margulan Institute of Archaeology, Almaty, Kazakhstan

The period of early Iron Age is a milestone in the history of Kazakhstan. This epoch in the life of many nomadic tribes of the Eurasian continent, in terms of "artistic development of the world" can be characterized by the dominance of the visual arts in their art of so-called "animal style." This is an amazing phenomenon. Carefully selected animalistic images formed a sign system, a type of graphic text with a special zoomorphic code. The works in the animal style were closely linked with the general ideological guideline, religion, worldview, magic, representations of people about the world around them, the whole cosmos and the universe.

In the I c. BC a kind of steppe civilization was developed, which reflected a lot of achievements of the Bronze Age. The eastern part of this particular world included Yenisey basin (Tuva, Hakasiya), modern Mongolian steppes and the North China (Ordos). The cultural influence of the eastern part of the steppe world were directed also to the Korean peninsula, especially in the era of the late Sakas, Yueh-chih, Huns. Some features of which can be seen in the art of Silla, samples of which are exhibited in a remarkable museum in Seoul. The western borders of the steppe culture reached the northern steppes of the Black Sea. The territory of Kazakhstan occupied the middle part of this huge cultural region.

Artistic and aesthetic values, and worldview of the steppe inhabitants differed from each other in the form of manifestation, but were surprisingly similar in nature. In the variety of local cultural centers, researchers always saw the unity which can be noticed in the peculiarities of burial structures, style and decoration of the subject complexes.

Such "unity of diversity" is not accidental. This unity is due to the existence of powerful unified cultural substratum on the territory of Kazakhstan and neighboring regions in the end of II – beginning I millennium BC. It was based on a stable system of animal husbandry and high technology of extraction and processing of metals for that time.

The presence of vast steppe lands suitable for grazing, mineral resources of the ancient Kazakhstan of copper, tin, gold and other metals were the main conditions for a new stage of development. In addition to that, many scholars emphasize the role of natural and geographical factors in the establishment of a new life-support system in the beginning of the early Iron Age.

The dominance of the sharp continental climate in the arid zone with a predominance of dry and heavy soils resulted in the appearance and development of mobile forms of animal husbandry in the ancient Kazakhstan. The mobility of the population, adapted to the surrounding environmental conditions, ensured the creation of a new world. Inventions and innovations spread quickly over large areas as a result of military and political contacts, exchanges and trade between different regions. There were real and mediated contacts with the population of the settled agricultural oases, which led to important cultural borrowing and diffusion.

Armed steppe horsemen united different, however, not always known to all and not always friendly, worlds of east and west, north and south through the created vast system of communication.

The high level of culture development of the ancient population occupying the Kazakh steppes is proved by the masterpieces of art, complex design and the special architecture of places of worship and burial mounds, technology of raw materials processing.

Large amount of sources on culture of the Saka era was received by archaeologists in 1950-1980 in Kazakhstan. Along with the materials obtained by scientists from Russia, Ukraine, China, Europe and America on the territory of several neighboring regions, this data served as the basis in the creation of meaningful scientific and theoretical developments on this issue.

The scientific data received from such monuments as Besshatyr, Issyk, Mayemer, Shilikty, Tasmola, Uigarak, already allowed to reveal many aspects of the surprising and multifaceted culture of the Kazakhstan Sakas [Akishev, 1973; 1978; Akishev K. Akishev A., 1978; Akishev, Kushaev, 1963;

Artamonov, 1973; Rudenko, 1960; Chernikov, 1965; Kadyrbayev, 1966; Vishnevskaya, 1973; Habdulina, 1994].

Over the past 20 years, new bright monuments of the Saka era have been opened in Kazakhstan. The development of Saka topics, as well as many other areas of archaeological science, received a new impetus. This was largely connected with updates in various spheres of the country, which functions as an independent state in the twenty-first century. It also concerns the adoption of the State program "Cultural heritage," initiated by the Kazakh President Nursultan Nazarbayev.

Today, the new highly informative materials were obtained on the monuments of the Saka period such as Berel, Shilikty, Taldy-2, Jalauly, new and interesting cemeteries, settlements and petroglyphs were opened [Samashev, 2011; Toleubaev, 2011; Beisenov, 2013; Archaeology of Kazakhstan, 2006]. Various cultural connections of the Kazakhstan Sakas were identified on the materials of such outstanding monuments of the neighboring regions as Arjan and Arjan 2 in Tyva, Kichigino in the south Ural and others [Kyzlasov, 1977; Grach, 1980; Gryaznov, 1982; Chugunov, 2010; 2011; Tairov, Botalov, 2010]

Central Kazakhstan is a country of countless rocky hills and low mountains which are interspersed with large areas of steppe plains. Small steppe rivers and streams originate from the hills. Islands of low mountains with an altitude of 1000–1500 m above sea level often form small oases, there in the mountain gorges on stones grow pine fishing line, along the rivers stretch strips of birch and poplar groves. These are good inhabited since ancient times the mountainous oasis Karkaraly, Ulytau, Bayanaul, Kyzylarai and others.

The first works on fixing the early Iron Age monuments of Central Kazakhstan were held by a prominent Kazakh scientist Alikey Margulan, whose research in the area began in the second half of the 1940s. His initiatives were continued in the mid-1950s. by a great researcher of Central Kazakhstan Mir Kadyrbayev. It was he who in the mid-1960s. discovered and brilliantly described the Tasmola archaeological culture [Kadyrbayev, 1966], the monuments which are widespread on the territory of Central Kazakhstan. In those years, the discovery of a new culture marked an important breakthrough in the archaeology of Kazakhstan. This was particularly important considering the unexplored territory of Central Kazakhstan in respect of the Early Iron Age monuments. Mir Kadyrbayev in his work thoroughly analyzed burial structures, artifacts, which were put into the graves of the ancient nomads [Kadyrbaev, 1966; 1968 1974; 1975]. His development of items of harness, weapons, household fit well into the overall context of the archaeological study of the population of the Saka era in the Eurasian steppe. This work resulted in the inclusion of materials in Central Kazakhstan and the conclusions based on them, in the general process of the Eurasian Scythian studies. Thus, thanks to the efforts of Mir Kadyrbayev Tasmola culture of Central Kazakhstan has become an integral part of Scythian studies in Asia and Europe.

Mir Kadyrbayev introduced the term "Saka cultural community" for the eastern area of steppe cultures [Kadyrbayev,

1966, p.401]. He believed that the core of the Saka tribes community is Kazakhstan and Altay. According to him, the similarity and proximity of cultures can be explained by their common basis, while there are local versions of cultural complexes [Kadyrbayev, 1968, p.32].

At the same time issues on the genesis of Tasmola culture, its relations with the surrounding ethnic arrays are still topical. Large kurgans have not been studied, so this category of monuments remained unknown. Despite the fact that since the opening of Tasmola culture more than half a century has passed, the problem posed by M.K. Kadyrbayev, is relevant even now. The role of the tribal migrations as one of the important factors of the early Saka culture in the Eurasian steppe was noted by many archaeologists.

Among the scientific opinions and hypotheses, which in certain ways complement characteristics of the Saka culture of Central Kazakhstan, allowing to judge the location of the region in the cultures of the Scythian-Saka time in the Eurasian steppes, the important issue is relations of its population with the neighboring regions [Beisenov, 2013a].

Currently, the author received a large volume of new data on Tasmola culture of Central Kazakhstan. The settlements were opened for the first time [Beisenov, 2014a; 2014b; 2014c], large kurgans were studied, which are the burial places of the Saka elite. It should be noted that new items of the Saka art originate from the large kurgans.

New materials from Central Kazakhstan, found in large kurgans of burial mounds Taldy-2, Karashok, Sherubay and others, now allow to present more clearly certain areas of

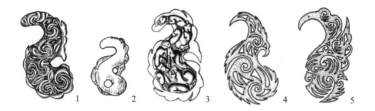

Fig. 1. Early Saka complex subject. Jewelry in the form of a stylized figure of an eagle
from Central Kazakhstan, Tyva, Southern Trans–Ural. 1 – Taldy–2, kurgan 5 (Central
Kazakhstan); 2 – Karashoky, kurgan 9 (Central Kazakhstan); 3 – Arjan–2 (Tuva) [on:
Chugunov, 2011 Fig. 5: 2]; 4 – Sherubay, kurgan 1 (Central Kazakhstan); Kichigino,
kurgan 5 (South Ural) [on: Tairov Botalov, 2010 Fig. 4: 1]. 1, 3 – 5 – gold; 2 – bone

cultural relations [Beisenov, 2013; 2013a; 2015].

The early Saka complex subject recently includes works of
art, decoration made with great skill. Among these prestigious
products there are a lot of stylistically very similar items
(Fig. 1), indicating the existence close ethnic and cultural ties
and contacts in antiquity.

K.V. Chugunov expressed an interesting opinion on the
appearance of granulation technique in the Sayan-Altay.
Having studied the earrings of the early Scythian time of the
Sayan-Altay, he suggested that the technique of granulation
on earrings with a cone came from Central and Eastern
Kazakhstan [Chugunov, 2003, p.388]. However to prove his
hypothesis in the old materials of the Tasmola culture there
was not yet a sufficient number of finds earrings adorned
with beading technique.

For a long time Tasmola culture of Central Kazakhstan had
only one case of finding of earrings with a cone in the cemetery
Jylandy excavated by M. Kadyrbayev [Kadyrbayev, 1974].

Fig. 2. Early Saka complex subject. Gold conical earrings from Central Kazakhstan. 1 - Taldy-2, kurgan 5; 2 - Karashoky, kurgan 8; 3 - Bektauata, kurgan 1; 4 - Bakybulak, kurgan 15. Excavations by A. Z. Beisenov.

To date, in the territory of Central Kazakhstan a series of cone-shaped earrings decorated with granulation technique was found. These items come from burials Taldy-2, Karashok, Bektauata, Bakybulak (Fig. 2).

Possible connection of Tasmola culture with Early Scythian culture of Tyva (Aldybel culture) is noticed by researchers ever since excavations by A.D. Grach, and now seems to be true more clearly. At the same time, increasing actuality of identifying the nature of the relationship with the population of the Aral Sea region of Central Kazakhstan, Jetysu, Southern Urals. Connections of Central Kazakhstan with all these regions on archaeological materials is currently revealed much more clearly than it was 20-30 years ago.

Fig. 3. Golden image of a tiger. Burial ground Karashoky, kurgan 1. Central Kazakhstan. Excavations by A.Z. Beisenov

The plaque from the burial ground Karashoky 1 (Fig. 3) presents a profile image of a tiger standing quietly. The openness of the image, which is transmitted via a characteristic striped texture of the animal skin gives certain lightness to the image of a tiger. Characteristic for the early Saka art S-shaped curls underlying image, turn into a stylized eagle and

Fig. 4. Golden jewelry from the burial Sherubay, kurgan 1. Central Kazakhstan. Excavations by A.Z. Beisenov

eagle griffins. As it is known, eagle is one of the deep semantic images in the Saka culture. Eagles inscribed in the image of Karashoky tiger, are present on the jewelry from the kurgan 1, burial ground Sherubay 1 (Fig. 4).

The technique of showing characteristic stripes and long thick strands of hair were found in the later image of a tiger. It should be noted that such lightness and weightlessness, transparency of images are common for the art of the Altay Pazyryk culture. These findings of the Central Kazakhstan provide a basis to judge that some of the motifs of art Pazyryk time may appear even in the early Saka period.

Plaques in the form of the figure of an eagle with a wrapped head back were found in Taldy-2 (Fig. 5). The image of the eagle found in Shilikty in East Kazakhstan is also present among the petroglyphs of Kazakhstan, in particular, on the Eshkiolmes rocks in Jetysu [Beisenov, Maryashev, 2014].

Almost identical plaques, except for the insertion of turquoise, with the composition in the form of two heads of mountain goats with a bird in the center were found in

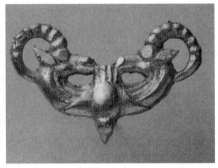

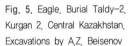

Fig. 5. Eagle. Burial Taldy-2. Kurgan 2. Central Kazakhstan. Excavations by A.Z. Beisenov

Fig. 6. Golden composition from the burial Taldy-2, kurgan 2. Central Kazakhstan. Excavations by A.Z. Beisenov

Taldy-2 (Fig. 6) and Shilikty [Toleubaev 2011, Fig. 3]. In general, the materials of the Taldy-2 in Central Kazakhstan, as well as a number of other sites, demonstrate a clear link of the population with monuments of the regions of East Kazakhstan and distant Tuva [Beisenov, 2014].

Kemal Akishev and Alisher Akishev having considered the natural climatic and topographical factors, cultural and economic type, types of burial structures, artifacts and their fundamental similarity, made a conclusion on proximity of the Saka cultures of "Band of mountains," which include Jetysu (South-Eastern Kazakhstan), East Kazakhstan, Altay, Tyva, Minusa hollow, Issyk-Kul. These "Band of mountains" are highlighted as a particular geographical, ecological and ethno-cultural region by them, which had close ties to the Aral Sea region and other regions of Central Asia [Akishev K., Akishev A., 1997].

This is a very important opinion of two eminent scholars of

Kazakhstan which is now supported by many archaeological facts, among which the closeness of these unique monuments of the early Saka time such as Jalauly in Jetysu, Shilikty in East Kazakhstan, Arjan-2 in Tyva, Kichigino in the Southern Urals and others should be noted. The list now contains numerous monuments of Central Kazakhstan, opened during the last 15 years. These new materials from Central Kazakhstan allow to some extent determine the location of the region in the Eurasian steppe cultures. We will now have more reason to talk about the of closeness of the culture to the cultures of Central Kazakhstan "Band of mountains". At the same time, we must recognize that this closeness must be explained more clearly in the future.

⊞ References

Akishev K.A. Saki aziatskie i skify evropejskie (Obshhee i osobennoe v kul'ture) [Asian Sakas and European Scythians (general and special in culture] // Archaeological research in Kazakhstan. Alma-Ata, 1973, pp.43~58.

Akishev K.A. Kurgan Issyk [Kurgan Issyk]. Art of Kazakhstan Sakas. Moscow, 1978, p.130.

Akishev K.A., Akishev A.K. Problema hronologii rannego jetapa sakskoj kul'tury [Issues of the early Saka culture chronology]. Archaeological monuments of Kazakhstan. Alma-Ata, 1978, pp.38~63.

Akishev K.A, Akishev A.K. Saki Zhetysu: socium i kul'tura [Jetysu Sakas: society and culture] // Archeological news. Turkestan, 1997, pp.30~37.

Akishev K.A., Kushaev G.A. Drevnjaja kul'tura sakov i usunej doliny r. Ili [Ancient culture of the Sakas and Usuns in the valley of the river Ili]. Alma-Ata, 1963, p.297, with tables.

Artamonov M.I. Sokrovishha sakov [Saka treasures]. Moscow, 1973, p.280.

Arheologija Kazahstana [Kazakhstan Archaeology]. Album. Almaty, 2006, p.256.

Beisenov A. Die nekropole Taldy-2 in beziehung zu den kulturen der fruhsakishen zeit osteurasiens // Unbekanntes Kasachstan. Archaolgie im Herzen Asiens. II. Bochum, 2013, c. 595~608.

Beisenov A.Z. Predmety iskusstva rannih sakov Saryarki kak svidetel'stva vzaimodejstvija kul'tur [Art objects of the early Sary-Arka Sakas as a proof of culture interaction]. Herald of Kemerovo State University. History. No.3 (55) Vol. 4, 2013a, pp.13~17.

Beisenov A.Z. Poselenie Tagybajbulak v Central'nom Kazahstane [Settlement Tagybaibulak in Central Kazakhstan]. Izvestiya. Altay State University. Barnaul, 2014a, No.4-1 (84), pp.35~41.

Beisenov A.Z. Poselenija rannesakskogo vremeni Central'nogo Kazahstana [Early Saka settlements of Central Kazakhstan]. Journal of Archaeology and Material Culture Institute, 2014b. No.9, pp.92~102.

Beisenov A.Z. Jekologicheskij faktor v ustrojstve poselenij sakskogo vremeni v

Central'nom Kazahstane [Ecological factor in the Saka era settlements in Central Kazakhstan]. Herald of East Economic and Humanitarian University. Ufa. 2014v. №6 (74), pp.170~178.

Beisenov A.Z. Drevnie sokrovishha Saryarki [Ancient Sary-Arka treasures]. Album. Almaty, 2014g. p.196.

Beisenov A.Z. Izuchenie pamjatnikov 1 tys. do n.je. Central'nogo Kazahstana [Studies of the 1 c. BC monuments in Central Kazakhstan] // Kazakh khanate in history: collection of scientific articles devoted to 550-th anniversary of Kazakh khanate, Almaty, 2015, pp.525~536.

Beisenov A.Z., Maryashev A.N. Petroglify rannego zheleznogo veka Jetysu [Petroglyphs of the early Iron Ageof Jetusu]. Almaty, 2014, p.156, il.

Chernikov S.S. Zagadka Zolotogo kurgana [Mysteries of Golden kurgan]. Moscow, 1965, p.189.

Chugunov K.V. Ser'gi ranneskifskogo vremeni Sajano-Altaja (proishozhdenie traditcii i tipologicheskoe razvitie) [Early Scythian earrings from Sayan-Altay (tradition origins, typological development]. Historical experience of West Siberia development. Barnaul, 2003, Book 1. pp.386~395.

Chugunov K.V. Iskusstvo Arzhana-2: stilistika, kompozicija, ikonografija, ornamental'nye motivy [Arjan art: stylistics, composition, iconography, ornament motifs]. Europen Sarmatiya. St. Peterburg, 2011, pp.39~60.

Čugunov K.V., Parzinger H., Nagler A. Der skythenzeitliche Fürstenkurgan Aržan 2 in Tuva. Archäologie in Eurasien 26. Steppenvölker Eurasiens 3. Mainz: Verlag Philipp von Zabern, 2010. 330 S., 289 Abb., 153 Taf.

Grach A.D. Drevnie kochevniki v centre Azii [Ancient nomads in Central Asia]. Moscow, 1980, 256 s.

Grjaznov M.P. Arjan. Tcarskij kurgan ranneskifskogo vremeni [Arjan. Royal kurgan of the eraly Scythian time]. Leningrad, 1980, p.63.

Habdulina M.K. Stepnoe Priishim'e v jepohu rannego zheleza [Steppe Ishym area in the early Iron Age]. Almaty, 1994.

Kadyrbayev M.K. Pamjatniki tasmolinskoj kul'tury [Tasmola culture monuments] // Margulan A.H., Akishev K.A., Kadyrbayev M.K., Orazbayev A.M. Ancient culture of Central Kazakhstan. Alma-Ata,

1966. pp.303~433.

Kadyrbayev M.K. Nekotorye itogi i perspektivy izuchenija arheologii rannego zheleznogo veka Kazahstana [Some results and perspectives of the early Iron Age archaeology studies]. New in Kazakhstan archaeology. Collection of articles. Alma-Ata, 1968, pp.21~36.

Kadyrbayev M.K. Mogil′nik Jylandy na reke Nure [Burial ground Jylandy on the river Nure]. In the ancient times: collection of articles. Alma-Ata, 1974, pp.25~45.

Kadyrbayev M.K. Kurgany Kotanjemelja [Kotanemel kurgans]. Primitive archaeology of Siberia. Leningrad, 1975, pp.127~132.

Kyzlasov L.R. Ujukskij kurgan Arjan i voprosy proishozhdenija sakskoj kul′tury [Uyk kurgan Arzhan and issues of the Saka culture origins]. Soviet archaeology, 1977, №.2, pp.69~86.

Rudenko S.I. Kul′tura naselenija Central′nogo Altaja v skifskoe vremja [Culture of the Central Kazakhstan population in Scythian times]. Moscow‐Leningrad, 1960.

Samashev Z. Berel. Berel. Almaty, 2011, p.236.

Tairov A.D., Botalov S.G. Pogrebenie sakskogo vremeni mogil′nika Kichigino I v Juzhnom Zaural′e [Saka burial of the burial ground Kichigino 1 in South Aral]. Archaeology and paleontology of Eurasian steppes. Moscow, 2010, pp.339~354.

Toleubaev A.T. Itogi issledovanij pamjatnikov rannego zheleznogo veka Tarbagataja i Jetysuskogo Alatau [Research results of Tarbagatay and Jetysu monuments of the early Iron Age]. Evidences of the century: Archaeology of Kazakhstan for 20 years (1991‐2011). Almaty, 2011, p.156~174.

Vishnevskaya O.A. Kul′tura sakskih plemen nizov′ev Syrdar′i v VII‐V vv. do n.je. [Culture of the Saka tribes of low course of Syr-Darya in VII‐Vcc. BC]. Works of Khoresm Archaeological and Ethnographic expedition. Vol. 8, Moscow, 1973.

Burial and Ritual complex "Kurgan 37 Warriors" in Central Kazakhstan

Arman Z. Beisenov

Head of the Department of Prehistoric Archeology,
A.Kh. Margulan Institute of Archaeology, Almaty, Kazakhstan

Burial and ritual complex "Kurgan 37 Warriors" is within the territory of Aktogay area of Karaganda region, in 2 km to the north-west of the village Korpetay.

The discovery of the monument by the Academician A. Kh. Margulan and the first research most likely took place, at the end of the 1940s. Major excavation work was carried out by the Central Kazakhstan archaeological expedition headed by A.Kh.Margulan in 1951-1952. Kemal Akishev, who kept the complex plan for a long time, participated in the research. It was done in pencil on graph paper. In 1997 this plan with the specified date written by pencil "CKAE. 1951" was presented by K.A. Akishev to the author of the present article.

The results of research works conducted in those years were briefly described in the publications of M.K. Kadyrbaev and A. Kh. Margulan [Kadyrbaev, 1958; Margulan, Basenov, Mendikulov, 1959].

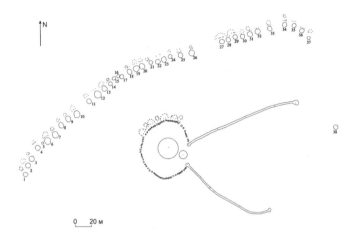

Fig. 1. Burial and ritual complex "Kurgan 37 warriors". Overall plan.

New investigations have been carried out by the group led by Arman Beisenov in 2012-2013. The main attention was paid to reclamation and restoration of previously excavated objects that were on the verge of destruction. As a result the excavations have not been deep. Therefore, it should be noted that research on this monument will be continued. Special attention should be paid to numerous menhirs, comprising the complex.

In plan this complex consists of several parts (Fig. 1).

The core of the complex is the kurgan with stone ridges. This is a special system of constructions which are found in Central Kazakhstan in large quantities. In typological relation there the main kurgan with the of diameter 35 m and adjoined to it on the eastern side a small kurgan with the diameter of 11 m, as well as two stone ridges, which extend from the small mound to the east are present. Stone Ridges at the beginning and the end have small structures. Over the ridges vertically mounted boards are fixed.

Large (basic) and small kurgans are surrounded by a system of 70 small annular layers with the diameter up to 1.2 m, which forms a large ring around the two kurgans. On the north side of the ring, there are 7 layers, each in the form of a semicircle. Near each of the layers from one to four menhirs are present.

The height of the menhirs varies from 1.2 to 2.1 m. Currently, there are about 20 menhirs.

There is a chain of 37 small stone constructions to the north of the central part of the considered complex. Beside each of these constructions there are too small layers of arcuate shape. Near each of the layers menhirs are set, each of which forms a separate complex with arcuate computation and menhirs. Thus, there are 37 separate systems, combined in a common chain. In total, 100 menhirs were found the chain.

In the past basic and small kurgans were excavated, which are included into the kurgan with stone ridges and 8 small constructions of the north chain. Large kurgan was totally plundered in ancient times and, except for some human bones, it did not contain any findings. In some small constructions fragments of pottery, animal bones were found [Kadyrbaev, 1958].

During the research works in 2012-2013, research previously excavated objects were restored, all fallen menhirs were raised.

Currently, the complex includes 120 menhirs: 20 near the central kurgan and 100 along the north chain. Clearly, in

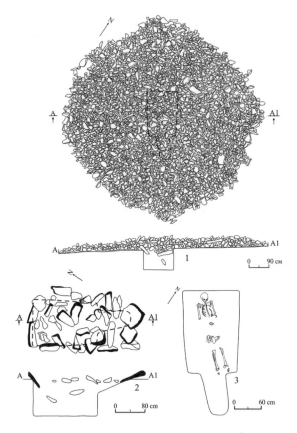

Fig. 2. Burial and ritual complex "Kurgan 37 warriors". Kurgan 11.

ancient times there were more menhirs.

On the territory of complex in 2012-2013 were also unearthed constructions (kurgans) 11 and 18 in the northern chain and one construction (conventionally kurgan 38) were excavated, located on the eastern tip of the northern ridge.

The mound of the kurgan 18 was composed of medium-sized stones, with a small amount of land. In the plan it had rounded-oval shape with the diameter of about 6-7 m, height 0.4 m. Two vertically standing stone slabs mounted on the mainland level were recorded in the central part of the mound. There is no grave under the mound.

Kurgans 38 and 11 were excavated in 2013. The first object having the diameter of 5.7 m and the height of 0.35 m, consisted of a layer of closely packed stone, under which a slight layer of bulk ground is registered. The grave is absent.

The stone mound of the kurgan 11 has the diameter of 8 m, the height of 0.5 m (Fig. 2). On the north side of the embankment at the distance of 2.7 m there is a number of 3 menhirs and arcuate laying out of 5 stones.

Under this kurgan the grave with the dimensions of 1.8 x 1,3-1 m was discovered. The depth is 1.2 m. The dromos which is 1m in length is adjoined to the south-east wall of the burial. At the bottom of the grave some parts of the human skeleton were found out. The deceased was laid on the back of his head to the northwest, the limbs are stretched. The parts of the backbone are scattered during the robbery and apparently, the lower part of the body was slightly shifted to the southeast. Unfortunately, the findings are not available now. The skull of the buried, which was in relatively good condition, has been studied by anthropologist E. Kitov. Measurements have shown that buried in the kurgan 11was a representative of Caucasoid-Mongoloid physical type. It was a 35-45 year old man.

1 - plan of the kurgan; 2 - plan of the tomb and its section; 3 - the plan of the tomb at the bottom

Calibrated date (Table. 1) kurgan 11 were obtained on bone

Lab number	sample	14C BP	Calibrated date (1 Sigma, 68.3)	Calibrated date (2 Sigma, 95.4)
UBA-24918	burial 11	2451 ± 32	Cal BC 747-685 (0,352) 666-642 (0,132) 586-584 (0,007) 555-474 (0,411) 463-454 (0,038) 445-431 (0,060)	Cal BC 755-680 (0,277) 670-608 (0,171) 596-411 (0,552)

Table. 1. AMS 14C dating of analyzed samples from burial 11 of complex "Kurgan 37 Warriors."

samples in radiocarbon dating laboratory of the Queen's University of Belfast, Northern Ireland, United Kingdom.

Received data indicate the probable date of burial during the VIII-V cc. BC. e. This is the only result of radiocarbon analysis, which should be supplemented in the course of further studies in the complex. The archaeological research is planned to be carried on in the monument. It requires the study of the monument in detail, comparing its data with the materials of typologically similar buildings near and distant surroundings, especially in Kazakhstan, Sayan-Altai. Constructions consisting of rounded stone menhirs and layers are direct analogies in materials of Besshatyr burial and the early Saka time in Zhetysu (South-Eastern Kazakhstan) [Akishev, Kushaev, 1963, p.28-31, Figs. 4, 8, 9].

The author included the complex "Kurgan 37 warriors" into the groupof monuments of burial and ritual character of the early Iron Age of Central Kazakhstan based on the available materials,. The author believes that the centerpiece of the complex is a large kurgan with the diameter of 35 m, which was built as a burial of tribal chief. The other elements in the future were erected during the funeral rites. A special part of the complex constitute the second element – a kurgan with a stone ridge, oriented to the east. Some constructions

Fig. 3. Burial and ritual complex "Kurgan 37 warriors". Menhirs.

of the large chain of 37 objects have graves, and some do not. In any case, they were raised in connection with this large mound.

Menhirs are common on the territory of Kazakhstan and the Eurasian steppe since ancient times. In our case, we are talking about menhirs of the Saka time. Perhaps setting them has been associated with the cult of the hero, a dead soldier (Fig. 3).

Thus, the complex of "37 warriors" is a remarkable monument, which is still fully unexplored.

Some of the results of the latest field researches conducted in the area of monument location shows that the complex is not the only one of its kind in Central Kazakhstan. The funeral-memorial complex Kyzylshoky raises some interest, located in 5 km to the north-east of the considered monument. It consists of a kurgan with stone ridges, as well as a number of large menhirs, located to the north.

The burial and ritual complex "Kurgan 37 warriors" belongs to a special category of the Early Iron Age monuments of Kazakhstan, which are called "kurgans with stone ridges" (barrows with "moustache"). This complex is a complicated version of these constructions, which are distributed in large numbers in Kazakhstan, as well as in the South Urals in the Russian Federation. One of the important and unresolved issues is the chronology of these monuments. They are thought to belong to the era of the Sakas, the Huns, the ancient Turks by the scientist.

The largest number of these monuments is located on the territory of Central Kazakhstan. The author of this article has studied the kurgans with "moustache" of Central Kazakhstan from the end of the 1980s. It is now established that only on the territory of Central Kazakhstan there are several hundreds of such objects.

Recently, a series of radiocarbon dates from these sites was obtained by the author , which is now being prepared for publication. The author believes that the kurgans with stone ridges were erected during certain ritual events and were dedicated to the deceased hero. According to the author the focus of the ridges to the north is associated with the cult of the east, with the idea of the Rising Sun [Beisenov, 1997; 2002].

Very important work on the kurgans with stone ridges is done by the archaeologists from South Urals [Botalov 2008; Botalov, Tairov, Liubchanski, 2006]. At present, particularly it is relevant is to obtain current data on the monuments of Kazakhstan and, in particular, of Central Kazakhstan.

⊞ References

Akishev K.A., Kushayev G.A. Drevnyaya kultura sakov i usuney doliny r. Ili. [The Saka and Usuns ancient culture of the Ile river valley]. Alma-Ata, 1963.

Beysenov A.Z. Pogrebalnyye pamyatniki i kultovo-ritualnyye sooruzheniya drevnikh nomadov Tsentralnogo Kazakhstana (VII‑I vv. do n. e.). Avtoreferat dissertatsii [Funerary monuments and cult-ritual structures of ancient nomads of Central Kazakhstan (VII-I centuries. BC.). Abstract of the thesis]. Almaty, 1997. 26 s.

Beysenov A.Z. Kurgany s «usami» kultovyye pamyatniki sakov Tsentralnogo Kazakhstana // Drevneyshiye obshchnosti zemledeltsev i skotovodov Severnogo Prichernomoria (V tys. do n.e. – V c. n.e.) [Barrows with "moustache" – religious monuments of the Sakas of Central Kazakhstan. The oldest community of farmers and pastoralists of Northern Black Sea Coast (Vc. BC – V c. AD)]. – Tiraspol, 2002. S. 213-216.

Botalov S.G. Gunny i tyurki (istoriko-arkheologicheskaya rekonstruktsiya) [Huns and Turks (historical and archaeological reconstruction)]. Chelyabinsk, 2008. 672 s.

Botalov S.G., Tairov A. D., Lyubchanskiy I.E. Kurgany s «usami» uralo-kazakhstanskikh stepey [Kurgans with "moustache" of Ural- Kazakhstan steppes]. Chelyabinsk, 2006. 232 s.

Kadyrbayev M.K. O nekotorykh pamyatnikakh rannikh kochevnikov Tsentralnogo Kazakhstana [Some monuments of early nomads of Central Kazakhstan] // Izvestiya Akademii nauk Kazakhskoy SSR. Seriya istorii, arkheologii i etnografii. Vyp. 1(6), 1958. S. 95-104.

Margulan A., Basenov T., Mendikulov M. Arkhitektura Kazakhstana (na russkom i kazakhskom yazykakh) [Kazakhstan Architecture]. Alma-Ata, 1959.

■

Stelae in Funeral Rites of the Kazakhstan Early Nomads

Gulnara S. Jumabekova, Galiya A. Bazarbayeva

Leading Researcher, A.Kh. Margulan Institute of Archaeology, Almaty, Kazakhstan

In 2014-2016 in the process of studying the Saka kurgans stelae and stone sculptures in different regions of Kazakhstan were identified.

Thus, in Zhetysu (South-East Kazakhstan) during the excavation of burial ground 1 Kaspan VI a stele was revealed. The kurgan is in southern chain. Its height 3 m, diameter 36 m. From the EES side of the burial chamber there is dromos, covered across by the poles. The plundered grave has two adults with a child and a dog skeleton. Perhaps we are dealing here with a ritual of grave robbery and subsequent dog sacrifice. In the western part of the kurgan among the stones crepidoma (stone rings) a stele was found. Perhaps it was originally set up, or dug among the rocks down the narrow end (?). The stelae lay on the side of a slope. Its dimensions: 1.20 0.20 m.

The kurgan 4 of the burial ground Kaspan VI (the height of the kurgan over 3 m, diameter 30 m) four stelae were

Fig. 1. Burial Kaspan VI. Kurgan 4. Stelae.

found out. The first on top of the kurgan under the sod and is fallen (Fig. 1.). Stelae dimensions: 83 45 (36) 22 cm. Three more stelae were on the east side of the grave. At around 0.4 m above the platform of the kurgan a plate facing NE was revealed. Plate dimensions: 94 133 4-20 cm. It was standing on the narrow end, triangular in cross-section.

On its top one more plate lying on a long face was found out. The stone is bar-shaped, 734 118 1416 cm, with traces of underworking (scabbling). It is propped up by a small plate of elongated-diamond shape with one end narrowed. Dimensions: 13 2344 1316 cm.

The stelae in a fallen state were found on the east side of the pit, on the inside edge of the shaft, which is around the grave pit. The difference in height between the stelae 1 and 3 is 0.80 m. Kurgans №1 and 4 and burial ground Kaspan 6 can be dated within the period of the mid-VII V cc BC based on archaeological evidence and radiocarbon dates.

The stelae in the construction of kurgans is one of the characteristic features the early Saka kurgans. According to A.A. Tishkin two stone stelae of the central portion of the necropolis Chineta-II in Altai, mark the northern border of the monuments of Biyken archaeological culture in the area of contact with native Mayemer cultural tradition. In Biyken cultural monuments stelae were installed in the center of the kurgan. The researchers interpret them as symbols of the hearth, home, the certificate on the territory of the universe axis from the point of view of semantics (the world tree) [Dashkovsky, 2014].

Such elements as the dromos, stelae and animal burials are common for the early Saka burials of Mayemer culture [Jumabekova, Bazarbaeva, 2011].

The kurgan №1, burial ground Mayemer: When taking away the stone from the ground structure at the top of the kurgan in the center the stelae was found. Its top is processed by chipping on the sides and separate deep grind groove. The height of the stele 38 cm, width 21 cm, thickness 7 cm maximum, the groove width 2.53 cm second groove is planned, but not abraded in the lower part of the stele.

The kurgan №2: While digging the kurgan over the pit at the depth of around 1.28 m "stelae" was found in the form of arrows, with the edge directed to the south-west. The burial had animal bones such as horse, sheep and goats and dogs. Dated back to the VII century BC.

In the western part of the Tasmola culture area in Turgay the kurgan 10 of the burial ground Ashutasty-1 were

Fig. 2. Burial ground Ashutasty-1, kurgan 10. Stelae.

excavated. In the south-west ern sector a large stone was lying among the rocks of the shell-stele (Fig. 2). Perhaps the bottom is a wide base and narrower but thicker end is the "head". It was turned to the east. From the edge of the kurgan the stele was at the distance of 2.30 m to the center. In general the stele has a trapezoidal shape. The height of the stelae is 0.87 m; the base width is 0.45 m; the width of the "head" is 0.15 m. The kurgan also dates back to the early Saka time.

Unique samples of stone sculpture were found in the burial Ashutasty-2. Among the objects of the burial ground there is a kurgan with stone ridges. The stone fence, which is the beginning of the southern ridge, a stone statue with a head, probably low ridges, a hat, a dagger in a sheath, with the planned arms was found. Iconographically the statue is close to the sculpture of the Scythians of the Northern Black Sea coast. In the northern ridge of the stones schematic stone statue was found. It is probably an anthropomorphic stele.

A significant number of statues of the early nomads time was found recently in Central Kazakhstan. Thus, in 20122013 a group of archaeologists from Margulan Archaeology Institute under the direction of Zh.C. Kurmankulov excavated structures with a statue of the early Iron Age on the burial ground Aibas Darasy 3. It was the largest kurgan, which is located on an elevated plot in the middle of the cemetery. The stone statue with a broken head stood in the depression in the center of the kurgan. The date of the burial is determined in the interval of the beginning of VII the beginning of the second half of the VI cc. BC. (first quarter VIII last third of the V century BC) [Ermolenko, Kurmankulov, 2015].

Facts of finding statues in or on kurgan mounds of the early Iron Ages in Saryarka are given in some articles [Beisenov, Ermolenko, 2014; Ermolenko, Kurmankulov, 2015].

One of them is a statue from the kurgan 2 of the burial ground 2 Kosoba. Kurgan 2 which is 30 m (diameter), 2.1 meters in height is a complex funeral-memorial complex. It has the stone statue, fragments of menhirs, the original design of gravestones and grave dromos. The statue was found under the sod from the south-east side of the mound in 0.7 m from crepidoma. According to the authors of excavations, the statue originally stood on the mound and was dropped off by muggers.

Another place of the initial statues location could be an area on the south-eastern periphery of the mound, near crepidoma. Sculpture dimensions 22 60 35 cm. Analogies to the features statues of Kosoba the authors identified in the iconography of the Scythian sculptures of VIIV cc. BC. mainly in North-Caucasoid in VIIVI cc. BC. This corresponds to the dating of the kurgan.

The kurgan 2 of the burial ground Begazy is located on

the northern part of the cemetery Begazy. Its diameter 6 m, height 0.35 m. Lying with the face down the statue was found during the clearing the embankment surface east of the center of the kurgan. The kurgan 2 dates back to VIIV cc. BC.

Specificity of iconography of Begazy statues did not allow to find correspondences in Scythian sculpture.

The statue of the kurgan 7 of the burial ground Taldy-2, is formed by a chain of seven objects. Their diameter varies from 30 to 65 m, height from 1.9 to 3.5 m. On the basis of the funeral rite and data the kurgans dated back to the VIIVI cc. BC. This corresponds to radiocarbon dates.

The kurgan 7 which contained stone statue close the north chain of large kurgans. Around its mound three types of altars are recorded.

When digging the embankment southwest of the kurgan the statue was found, which stood almost vertically, with its the front part to the south-east, at the depth of 1.3 m. Surrounded by 7 altars the kurgan 7 of the burial ground Taldy-2 is obviously a ritual construction, built on the edge of the cemetery of the early Saka period. The statues from the kurgan 7 is made of granite, its dimensions are 0.92 0.20 0.25 m.

Large (length 1.4-2.1 m) stone slabs, found during excavations of burial grounds 1-3 draw much attention. In the central part of each of the kurgans under strong layer one plate was found. Plates were lying on the surface of the stone substructure, not far from the burial chamber. The authors admit that after the construction of the stone slab layer mounds were set vertically. But before the construction of the upper, ground plane they were deliberately pushed.

The statue was found on the territory of the cemetery Baidaly of the early Iron Age. It was used in the brickwork of the lower part of the stone mazar of the nineteenth century. The burial ground includes at least three stone and earthen kurgans. From them 1 kurgan is in 8 m from the Mazar, and has the greatest dimensions:. the diameter is about 18 m, the height 1 m from the top of stones mound. They were apparently selected during construction of the Mazar. Presumably, kurgan 1 was the site of the original installation of sculptures.

The statues of the kurgan Zhylandy were found on large mound (diameter 23 m, height of about 2 m) of the Early Iron Age burial ground. On the eastern side of the mound small constructions are traced, from which broken stone ridges. The statue was lying with face up to 7 meters to the south-east of the center of the mound.

The authors include sculptures from Saryarka into a group of the early Iron Age sculptures. Their connection with the archaeological burial and burial-ritual complexes of the Saka era is being studied. Archaeological and radiocarbon dating of the complex, in connection with which the statues found allowed to determine the time of their existence, as VIIV cc. BC.

Saryarka sculptures have an affinity with Scythian sculptures of VIV cc BC. of the Northern Black Sea and the North Caucasus [Kurmankulov, Ermolenko, 2014, p.21].

Specialists noted the similarity of the eraly Saka rmonuments of Altai and the surrounding regions complexes of Tasmola culture for funeral rites. They justify the need to preserve the definition of "mayemer culture" for the Early Scythian monuments of the north-western foothills of the Altai and the surrounding territory of East Kazakhstan.

The analysis of burial monuments of the Saryarka Sakas in the context of the formation of the early Saka cultural complex allowed A.Z. Beisenov to include Biyken and Mayemer cultures of Altai, Tasmola culture of the Central, North Kazakhstan and South Ural, Tagar kurgans of Podgornov stage, monuments of Zhetysu Besshatyr culture which are genetically related to Begazy-Dandybay culture to the initial period of Saka Antiquities . Mausoleums of proto-Saka time Northern Tagisken are close to them [Beisenov, 2014]. Perhaps steles and stone sculptures are an additional element to confirm this relationship.

A significant number of stone steles and anthropomorphic statues was found in the steppe zone of Southern Urals, which is organically included in the western part of the Ural-Kazakhstan steppes [Gutsalov, Tairov, 2000]. For example, in the grave containing burials 2 and 3 in the kurgan Imangazy-Karasu II, a stone stele with tamga sign was revealed. According to S.Yu. Gutsalov and A.D. Tairov the stelae in the grave is secondary; it originally stood on the mound and was associated with burial 3 or 1. The stelae from Imangazy-Karasu II is studied by the authors in conjunction with anthropomorphic sculptures of the early Iron Age Ural-Kazakhstan steppes, showing similarities with the Scythian sculpture. Some of the statues also were found in the graves (kurgan 1 of kurgan group Zhanabaz (Urbaz) on the river Oph, kurgan 1 of the burial ground Naurzum IV in Kazakh Tobol basin), which date back to the V century BC. According to S.Yu. Gutsalov and A.D. Tairov, Naurzum sculptures could also have been installed on top of the kurgan. Specifically, the kurgan 1 of the burial ground 1 Naurzum IV has two statues - one almost whole and the head of another. The kurgan 4 of the same cemetery has also two statues . Fine features allow you to show similarities with the Scythian sculptures.

The appearance of statues in the Saryarka which reflect the impact of the iconography of the Early Scythian statues, allowed some researchers to talk about the genesis of the Western origins of this phenomenon, the "Scythian" cultural pulse [Gutsalov, 1998; Tairov, 1998]. However, this thesis is controversial.

According to the purpose Scythian anthropomorphic sculptures are divided into two groups. Sculptures of the first group were set up on the tops of kurgans and expressed the idea of an ancestor. Sculptures of the second group were a part of the sacrificial complexes - sanctuaries [Gutsalov, Tairov, 2000, p.247].

"Deer stones" are semantically close to stelaes early Saka anthropomorphic steles with images of deer. They are more common in the eastern regions of the Eurasian steppe zone. Researchers connect their appearance with the idea of sacrifice.

Perhaps, the researchers who connect the genesis of deer stones with material objects (vertically mounted stelae, large stones and so on) are right. The material objects initially did not have any sign of differences [Savinov, 1994, p.138]. This role could be played by the stelae, wooden poles, fixed in a number of graves the late Bronze Age in the Minusinsk Basin and Central Kazakhstan [Bobrov, 1992]. Pillars as the ritual attributes continued to be used even in the Saka era. Apparently, they just have not been preserved. Thus, while studying the burial ground Dogee-Baary-2 in Tuva, kurgan 15 (VIV cc. BC.), the author identified a post lying NE behind the wall log. In addition, a short beam above the floor of the pit was found. Wooden posts, standing vertically near the ceiling of the burial were previously recorded on the burial Dogee-Baary. This custom originated from in the steppes of Eurasia belongs to the Bronze Age. It is preserved and merges with the tradition of deer stones. It should be noted that one of the functions is communicative connection with their ancestors, and they were used in burial and funeral rituals. For the later monuments of the Scythian epoch stone steles and vertical poles on the ceilings of log were recorded in the cemetery Suglug-Hem [Chugunov, 1996, p.74].

D.G. Savinov has stated that deer stones can be divided into two major groups based on the places of their location: 1) set up on special "altars" near burial sites; 2) directly connected with burials [Savinov, 1994, p.143]. The mentioned above circumstances of stelae and statues location belonging to the early Saka time from Kazakhstan show a similar picture.

Functionality of deer stones set on kurgans was revealed

by the experts. "They represent a vertical axis" of the world and have been designed for the transmission of values and regulated by the ritual sacrifice. ... In this regard, adopted attribution of deer stones as a form of reflection of tree worship the image of the mythological ancestor or phallic worship fundamentally contradict each other, although a clear anthropomorphic monument restricts the range of possible associations [Savinov, 1994, p.147]. Deer and horses, depicted on the stelae, were perceived as spirit-helpers of people. They helped to utter prayers and make sacrifices to the deity, to transfer souls of the dead to the other world. Predator served as a weapon of sacrifice [Kilunovskaya, Semenov, 1999].

The location of the stone stelae and the early Saka statues on top of the kurgans of stones or among crepidoma says that they were established in the last stage of the funeral and memorial cycle. According to K.V. Chugunov's reconstruction deer stones on the kurgan Arzhan-2 in Tuva were established in the third stage of the funeral ritual - at the end of the funeral. After the last burial in the area of the kurgan cycle operation of the open space of the burial was completed. The primary mound was erected. High deer stone was set up in the center. Another deer stone was installed at the edge of the mound. Together with the stelae, which stands at the northernmost point of the wall, deer stones formed a series of focused meridionally [Chugunov, 2011, p.284].

One of the types of the early Saka stone stelaes are probably the stone columns. Such elements are found in a number of burial and memorial complexes of Altai Pazyryk culture. Burial of constructions Pazyryk culture examined in the eastern part of the Altai Mountains, are arranged in rows parallel to the chain of kurgans on the west side. Less often they were built on the east side of the kurgans, closing a series of stone columns. Such structures are found in the Eastern Altai and in combination with hereksures and rows of deer stones, belonging to the late Bronze Age. The researchers noted the kurgans accompanying stelae, stone pillars, tiled chains of boulders and memorial rings or mound. Funeral rites of Pazyryk population consisted of the first memorial funeral feast day of the funeral; in subsequent wake created memorial constructions, rounded and ring calculations. In some special cases, to the east of the mounds rows of stone columns and committed an additional memorial ceremony were installed [Khudyakov, 1996].

Thus, the location of the stone stelae and sculptures in the early Saka monuments of Kazakhstan suggests to set them into the final stages of burial and funeral cycle, a role in the funeral ritual. Functionally, they acted as close stelae and pillars of the Late Bronze Age, deer stones of eastern regions of the Eurasian steppe. Perhaps, in some regions of the Eurasian steppe zones deer stones tradition did not develop, their role was fulfilled by stone stelae. On the territory of Altai, south-eastern Kazakhstan deer stones stelae coexisted with the early Saka stone stele, deer stones and sculptures one of the nomadic culture of markers of I millennium BC. Their position in the burial and memorial complexes since the late Bronze Age is determined by dramatic changes of social organization. These changes have influenced the ideology, religious views in horsemen community. In turn, the new value orientations are reflected in the ritual sphere that demonstrate stone stelae, statues.

⊞ References

Beisenov A.Z. Drevnie sokrovischa Saryarki [Ancient Saryarka treasure]. Almaty, 2014. 196 s.

Beisenov A.Z., Ermolenko L.N. Novye kamennye izvayaniya sakskoy epohi iz Saryarki [New stone statues of the Saka epoch from Saryarka] // Vestnik Kemerovskogo gosudarstvennogo universiteta. 2014; no. 3 (59). S. 36-40.

Bobrov V.V. K probleme vertikalno ustanovlennyih ob'ektov v pogrebeniyah epohi bronzy Sibiri i Kazahstana [To the question of vertically placed objects in Bronze Age burials] // Severnaya Evraziya ot drevnosti do srednevekov'ya (tezisy konferentsii k 90-letiyu so dnya rozhdeniya M.P. Gryaznova). SPb., 1992. S. 54-57.

Chugunov K.V. Pogrebalnyi kompleks s kenotafom iz Tuvy (K voprosu o nekotoryih parallelyah arheologicheskih i pismennyh istochnikov) [Tuva burial complexes (To the question of some archaeological parallels in written resources)] // Zhrechestvo i shamanizm v skifskuyu epohu. Materialy mezhdunarodnoy konferentsii. SPb.: «Skifo-Sibirika», 1996. S. 69-80.

Chugunov K.V. Arzhan-2: rekonstruktsiya etapov funktsionirovaniya pogrebalno-pominalnogo kompleksa i nekotoryie voprosy ego hronologii [Arzhan-2: reconstruction of stages of burial and ritual complex and issues of its chronology]// Rossiiskii arheologicheskii ezhegodnik. SPb., 2011. T. 1. S. 262-335.

Dashkovskiy P.K. Obnaruzhenie kamennyh stel pri issledovanii pamyatnikov kochevnikov v Severo-Zapadnom Altae [Stone stelae in studying nomad monuments in North-West Altai] // Drevnie i srednevekovye izvayaniya Tsentralnoy Azii: sbornik statey. Barnaul: Izd-vo Alt. un-ta, 2014. Vyp. 4. (Altay na perekrestke vremen i smyslov). S. 28-31.

Ermolenko L.N., Kurmankulov Zh.K. Pogrebenie rannego zheleznogo veka s izvayaniem v doline r. Aybas [Burial grounds of the early Iron Age in the valley of the river Aibas] // Vestnik Kemerovskogo Gosudarstvennogo

Universiteta. 2015, no. 2 (62). T. 6. S. 29-34.

Gutsalov S.Yu. Kurgan ranneskifskogo vremeni na Ileke [Kurgans of the early Scythian time in Ilek] // Arheologicheskie pamyatniki Orenburzhya. Orenburg, 1998. Vyp. II. S. 127-136.

Gutsalov S.Yu., Tairov A.D. Ctely i antropomorfnye izvayaniya rannego zheleznogo veka yuzhnouralskih stepey [Stelae and anthropomorphic statues of the early Iron Age] // Arheologiya, paleoekologiya i paleodemografiya Evrazii. Sbornik statey. M.: GEOS, 2000. S. 226-251.

Hudyakov Yu.S. Pominalnyie pamyatniki pazyrykskoy kultury Gornogo Altaya [Burial monument of Pazyryk culture] // Zhrechestvo i shamanizm v skifskuyu epohu. Materialy mezhdunarodnoy konferentsii. SPb.: «Skifo-Sibirika», 1996. S. 87-89.

Jumabekova G.S., Bazarbayeva G.A. V poiskah sledov svernuvsheysya pantery: k izucheniyu pamyatnikov Mayemerskoy stepi [In search of panther traces: studies of Mayemer monuments] // Istoriya i arheologiya Semirech'ya: sb. statey i publikatsiy. Almaty, 2011. S. 67-88.

Kilunovskaya M.E., Semenov Vl.A. Olennyie kamni Tuvy [Tuva deer stones] (Chast 2. Syuzhety, stil', semantika) // Arheologicheskie vesti. No. 6. SPb.: IIMK RAN, 1999. S. 130-145.

Kurmankulov Zh., Ermolenko L. Drevnosti Saryarki: kamennyie izvayaniya [Saryarka antiquities: stone sculptures]. Karagandy: «Credos Ltd C», 2014. 168 s.

Savinov D.G. Olennye kamni v kulture kochevnikov Evrazii [Deer stones in Eurasian nomad culture]. SPb.: SPbGU. 1994. 208 s.

Tairov A.D. Genezis rannesarmatskoy kultury Yuzhnogo Urala [The genesis of the early Samrmatian culture of South Ural] // Arheologicheskie pamyatniki Orenburzhya. Orenburg, 1998. Vyp. II. S. 87-96.

저자소개 (집필순)

● 김선자

중국 신화학자, 연세대학교 중국연구원 전문연구원
논저: 『만들어진 민족주의 황제신화』(책세상),
　　　『김선자의 이야기 중국신화』(1, 2)(웅진지식하우스)
　　　『오래된 지혜』(어크로스) 외 다수

● 박선미

동북아역사재단 한중관계연구소
단독저서: 『고조선과 동북아의 고대 화폐』, 2009, 학연문화사
공저: 『실크로드-육로편』, 2014, 창비
논문: 「완충교역모델에 대한 시론적 검토」, 2014, 동양학

● 장석호

동북아역사재단 책임연구위원
러시아과학아카데미 물질문화사연구소 박사
Rock Art Research in Korea (2010-2014)
Daegok-Ri(Bangudae) Petroglyphs in Ulsan // ROCK ART STUDIES: NEWS OF THE WORLD 5,
Oxford, ARCHAEOPRESS ARCHAEOLOGY(2016) 외 다수

● Ts. 체렝도르지(Tsegmed Tserendorj)

몽골과학아카데미 역사고고학연구소 중세사연구실장(Head of the Department of Mongolian
Medieval History, Institute of History and Archaeology, Mongolian Academy of Sciences, Ulaanbaatar,
Mongolia)
한국학중앙연구원 역사학박사
Encyclopedia of history and culture of the Mongols co-author, Ulaanbaatar: Admon, 2004
A study on a royal mausoleum of ancient nomads co-author, Ulaanbaatar, 2013
Samguk yusa (三國遺事) (translation), Ulaanbaatar: Munkhiin useg, 2009 외 다수

● Arman Z. Beisenov

카자흐스탄 마르굴란 고고학연구소 선사고고학부장(Head of the department of Prehistoric
Archeology, A.Kh. Margulan Institute of Archaeology, Almaty, Kazakhstan)
Ancient treasures Saryarka, Almaty, 2014.
*Monuments of Tasmola kulrure of Central Kazakhstan. Ancient cultures of the nortern area of China,
Mongolia and Baikalian Siberia*, Huhhot, 2015 외 다수

● Gulnara S. Jumabekova

카자흐스탄 마르굴란 고고학연구소 연구원(Leading Researcher, A.Kh. Margulan Institute of Archaeology, Almaty, Kazakhstan)

Treasures of steppe leaders co-author, Almaty, 2004.

Plaque with the mythological story of the Central Kazakhstan co-author, Tidings by Altai State University, 2014, No.4 (84) 외 다수

● Galiya A. Bazarbayeva

카자흐스탄 마르굴란 고고학연구소 연구원(Leading Researcher, A.Kh. Margulan Institute of Archaeology, Almaty, Kazakhstan)

Ecik. Иссык. Esik co-author, Almaty, 2011.

Zoomorphic images in the Saka art of Western Saryarka co-author, Ancient cultures of the northern area of China, Mongolia and Baikalian Siberia, Huhhot, 2015 외 다수

아시아학술연구총서 7
알타이학시리즈 3

동서문화 교류와 알타이

초판 인쇄 2016년 9월 20일 | **초판 발행** 2016년 9월 28일

지은이 김선자 外

펴낸이 이대현 | **편집** 홍혜정 | **디자인** 이홍주

펴낸곳 도서출판 역락 | **등록** 제303-2002-000014호(등록일 1999년 4월 19일)

주소 서울시 서초구 동광로 46길 6-6(반포동 문창빌딩 2F)

전화 02-3409-2058, 2060 | **팩시밀리** 02-3409-2059 | **전자우편** youkrack@hanmail.net

ISBN 979-11-5686-598-8 94910

  978-89-5556-053-4 (세트)

정가 15,000원